福建省社会科学基金项目（FJ2021B129）
福建省教育厅中青年教师教育科研项目（JAS19531）

畲族传统武术套路教材

（福建·宁德·福安）

林霁　主编

中山大学出版社

·广州·

版权所有　翻印必究

图书在版编目（CIP）数据

畲族传统武术套路教材/林霁主编 . —广州：中山大学出版社，2022.11

ISBN 978 - 7 - 306 - 07613 - 7

Ⅰ. ①畲… Ⅱ. ①林… Ⅲ. ①畲族—武术—套路（武术）—中国—教材　Ⅳ. ①G852.019

中国版本图书馆 CIP 数据核字（2022）第 167544 号

出 版 人：王天琪
策划编辑：邹岚萍
责任编辑：邹岚萍
封面设计：林绵华
责任校对：周明恩
责任技编：靳晓虹
出版发行：中山大学出版社
电　　话：编辑部 020 - 84110283，84113349，84111997，84110779，84110776
　　　　　发行部 020 - 84111998，84111981，84111160
地　　址：广州市新港西路 135 号
邮　　编：510275　　　　　传　真：020 - 84036565
网　　址：http://www.zsup.com.cn　E-mail：zdcbs@mail.sysu.edu.cn
印 刷 者：佛山市浩文彩色印刷有限公司
规　　格：787mm×1092mm　1/16　12.25 印张　11.6 千字
版次印次：2022 年 11 月第 1 版　2022 年 11 月第 1 次印刷
定　　价：50.00 元

如发现本书因印装质量影响阅读，请与出版社发行部联系调换

编 委 会

总 顾 问：梁伟新　张永宁
顾　　问：周祥祺　黄其山　刘　东　林铃顺
　　　　　缪碧华　周华健　吕增华　兰和鸣
　　　　　林毓雄

主　　任：林铃顺　周华健
副 主 任：林　霁　林锦山
委　　员：兰发清　谢文树　雷元喜　雷金梅
　　　　　吴林立　缪鸿景　王锦平　杨　洋
　　　　　缪凌志

名誉主编：林荫生　兰润生　王健民
主　　编：林　霁
副 主 编：缪鸿景　兰　卉　缪凌志
编　　委：王锦平　雷盛荣　钟团玉

编 写 说 明

文化作为民族之魂,一直与民族相依存,共始终。但是,随着经济社会的发展,一些民族的生产、生活方式发生了一些变化,一些民族的文化濒临消亡。畲族拳以言传身教的方式传承在民间,因没有规范的文字记载而秘不示人。为了推动畲族传统武术标准化传承,并通过教学、展演等方式传播和推广,让更多的人了解畲族文化,特别是畲族武术的独特韵味与价值,我们成立了编委会,组织有关专家,在充分酝酿、集思广益的基础上编写了这本教材。

本教材的编写紧紧围绕加强学生思想道德建设这一目标,以金斗洋畲族武术为中心,分基础、拳术、杖术三编,其中,基础编概括了畲族武术的起源、特点、拳理和练功方法,拳术编包括拳术及其演练套路部分,杖术编则包括单杖及对杖演练套路部分。教材以传统武术文化为主途径,充分挖掘畲族文化资源,创建隐性德育课堂,形成具有鲜明畲族特色的地方性武术教材。

当然,由于时间仓促,书中难免有疏漏之处,敬请福安市广大师生、武术爱好者在使用过程中提出宝贵的意见和建议,以便我们日后进一步修订和完善。

本书编委会

2022 年 4 月

序　一

习近平总书记指出："中华优秀传统文化是中华民族的精神命脉，是涵养社会主义核心价值观的重要源泉，也是我们在世界文化激荡中站稳脚跟的坚实根基。"① 放眼我国56个民族绚丽多彩的文化，其中，畲族文化从服饰到器皿，从歌曲到武术，无不凝聚着畲族人民的智慧与心血。在我多次到畲乡畲村调研的经历中，福安金斗洋畲族武术给我留下了深刻的印象。

福安是我国畲族人口最多、分布最广的市（县），其金斗洋畲族武术作为福建省非物质文化遗产，承载着当地多样且厚重的畲族传统文化，是闽东武术文化的代表之一。诚如著名学者费孝通先生所说："民族特点是一个民族从历史过程中形成的、适应其具体的物质和社会条件的特点。"② 畲族人民勤劳勇敢、聪慧豁达的特征也始终贯穿在其文化中，并在传统武术上表现得更为

---

① 习近平：《坚持以人民为中心的创作导向　创作更多无愧于时代的优秀作品》，《人民日报》2014年10月16日，第1版。
② 费孝通：《关于编写〈中国少数民族自治地方概况〉的一些意见》，《费孝通文集》第七卷，群言出版社1999年版，第497页。

直观。但从有关调研情况来看，当前，以金斗洋畲族武术为代表的少数民族传统文化面临外来文化及现代文化的剧烈冲击和挑战，在传承和发展过程中陷入迟滞。

"凡益之道，与时偕行。"（《周易·益卦·象传》）我认为，保护和传承并不意味着将传统文化供奉起来，生活才是优秀传统文化最肥沃的土壤。远离生活，各类传统文化就失去了时代价值；融入生活，各类传统文化才有机会重现昔日的辉煌。要想让优秀传统文化像空气一样时时滋养我们的精神，就必须使之融入现代人的生活。由此观之，福安金斗洋畲族武术作为福安畲族文化的重要载体，能同时结合特色民族文化和体育武术教育，无疑是一个很好的切面。《荀子·修身》云："道虽迩，不行不至；事虽小，不为不成。"编写这样一本地域性畲族武术教材，可能只是一个尝试，但它一方面能激发文化活力，强化畲族文化品牌，化"迟滞"为动力，带动福安畲族武术和文化的发展，另一方面能提高特定人群如青少年群体的地域文化认同感，促进其身心健康发展，并为人们提供更多的心灵养分与精神力量，因而确实是大有裨益的。

是为序。

中共福安市委书记　周祥祺

2022 年 5 月 20 日

序　二

在中国几千年的历史长河中，中华传统文化是中华民族生生不息的强大精神源泉。传承和弘扬中华优秀传统文化，既是新时代中国特色社会主义发展的精神动力，也是中华民族能够屹立于世界民族之林的重要根基。

畲族是我国56个民族大家庭中的一员，绝大多数畲民居住于闽东山区。早在20世纪80年代国家对全国武术的挖掘整理中，畲族武术就被列为重点。当时，我和王健民老师等深入闽东畲族地区——福安康厝畲族乡金斗洋村，对畲族武术进行全面和系统的整理，出版了《畲族拳》（人民出版社1987年版），并列入"中华武术文库"。2004年7月，中共宁德市委、宁德市人民政府通过了《关于开展拯救与发展畲族文化工作的方案》，正式启动了规模空前的畲族文化发展工程，出版了《闽东畲族文化全书》，全书由现代文明，乡村，歌言，语言，民间故事，民俗，服饰、工艺美术，体育，医药，民间信仰，谱牒祠堂，文物共12卷组成。我与集美大学诚毅学院兰润生教授等同仁对畲族传统体育进行挖掘整理，继承发展，推陈出新，所编撰《体育卷》

一书列入其中。

　　抚今追昔，畲族武术历经千余年的大浪淘沙，已成为南派武术的重要流派之一，其中金斗洋畲族武术是畲族非物质文化遗产的代表，金斗洋畲家拳是畲族武术中最具代表性的拳种之一，其独树一帜的练功方法是其拥有独特技术特征的重要保证。由于畲族没有自己的文字，造成记忆碎片化，不利于技艺的传承，而畲族武术传承依赖的是言传和身教，随着社会的变迁，男女老少都学畲族拳的金斗洋面临着多元文化的巨大冲击，他们担忧畲族拳的传承断层。

　　传承是人与人之间的传承，如何使越来越多的人，特别是青少年参与其中，是促进畲族拳传承的关键。为了使省级非物质文化遗产——畲族拳的传承得到切实可行的持续性发展，福安市文体和旅游局组织编写的《畲族传统武术套路教材》，系统挖掘、收集了畲族拳法和杖法的要领与击法，通俗易懂，有利于少数民族学校校本课程的开发、普及和推广。我们希望通过畲族拳传承人与体育工作者的共同努力，并充分发挥学校在体育教育传承中的作用，使畲族拳一代又一代地传承和发展下去，从而树立民族自信心，增强民族自豪感。

国务院特殊津贴专家
博士生导师
武术九段　林荫生
2022 年 5 月 20 日

目　　录

基础编

第一章　畲族传统武术的起源及特点 …………… 7
　　第一节　畲族传统武术的起源 ……………… 7
　　第二节　畲族传统武术的特点 ……………… 8

第二章　畲族拳术的拳理 ………………………… 11

第三章　畲族传统武术的练功方法 ……………… 13
　　第一节　畲族传统武术的基本步型、手型及其
　　　　　　要求 ……………………………………… 13
　　第二节　畲族传统武术的基本手法及其要求 … 18

拳术编

第四章　畲族拳套路拳谱及其图文详解 ………… 29
　　第一节　"小六步"拳谱及其图文详解 ………… 29
　　第二节　"大六步"拳谱及其图文详解 ………… 43
　　第三节　"七步"拳谱及其图文详解 …………… 64

杖术编

第五章　畲族武术套路杖谱"单杖"及其图文详解 …… 89
  第一节　"五步杖"杖谱及其图文详解 ………… 90
  第二节　"六门杖"杖谱及其图文详解 ……… 107

第六章　畲族武术套路杖谱"对杖"及其图文详解 … 133
  第一节　"对杖"杖谱 ………………………… 133
  第二节　"对杖"杖谱图文详解 ……………… 136

后　记 ……………………………………………… 181

基础编

▲2022年2月11日，中共宁德市委书记梁伟新（左二）、中共福安市委书记周祥祺（右一）等人到康厝畲族乡金斗洋村调研

▲畲族武术非遗传承人钟团玉（左一）向中共宁德市委书记梁伟新（中）、中共福安市委书记周祥祺（右一）介绍金斗洋畲族武术

▲2022年10月9日,中共福安市委副书记、市长黄其山(前排左二),市委常委、副市长林铃顺(前排左三),市政协副主席林昭瑾(后排左一)调研金斗洋畲族武术发展情况

▲2022年2月15日,宁德市体育局局长刘东(中)、福安市文体和旅游局局长林霁(右)、福安市康厝畲族乡党委书记谢文树(左)考察金斗洋畲族武术的传承与发展情况

▲金斗洋畲族拳拜师仪式现场

▲金斗洋村老人现场教授畲族拳

▲2019年9月11日,金斗洋畲族武术队参加第十一届全国少数民族传统体育运动会比赛,其金斗洋畲族对棍荣获对练项目三等奖

▲2016年8月18日,金斗洋畲族武术队在人民大会堂参加第五届全国少数民族文艺会演开幕式文艺晚会表演

第一章　畲族传统武术的起源及特点

第一节　畲族传统武术的起源

据雷姓族谱记载，雷姓三十二公名叫雷国楚，乳名雷朝宝，生活在清朝康熙、雍正年间。由于当时畲族迁居金斗洋不久，经常遭受外族的侵扰，于是，保卫家园、安居乐业成为畲民最大的愿望。从小练就一身好拳脚的雷朝宝在保卫家乡的战斗中表现出色，因而受到乡亲们的拥戴。不久，一个叫铁珠的少林武僧因参加反清复明斗争而被朝廷追捕，后来流落到金斗洋，得到畲民的救助，铁珠于是在这里开馆授徒，传授南少林武功。在他众多的徒弟中，雷朝宝是最优秀的一个，他将祖传盘瓠拳术和南少林功夫熔于一炉，创造了一套集长拳短打和杖术于一体、具技击和健身双重功用、风格独特的"金斗洋畲家拳"。

第二节 畲族传统武术的特点

畲族传统武术是流传于畲民聚居地的南派武术，很少与外界交流。畲民们结合生活环境和地理条件，编创出一套步稳势烈，发力短猛，擅用手法，防守门户严谨，进攻多用指法、掌法的风格独特的畲族传统武术，并辅以结构严谨、攻防兼备、速度快、招数环环相扣又变化多端的畲族杖术。畲族传统武术"一疾、二硬、三力"的特色更被誉为"三绝"，其基本特点归纳起来有以下五个方面。

一、手狠而多变

畲族传统武术擅用手法，拳、掌、指、勾等手法交替多变，以小动作居多，有时仅一个进步或退步就有数种甚至十数种手法的变化，各种手型、手法的交替变化常令人眼花缭乱、目不暇接。其中以指法、掌法最为常见，且招招实用；杖术中的"点、拦、截、挑、扫"等动作也体现出"手狠而多变"的特点。所谓"手狠"，指的是攻击对手之要害。演练中有一指点穴、二指摸珠、二指锁喉、三指挑裆、四指插肋、五指抓拿等手法。畲族传统武术由于必练"铁砂掌""竹把功"等掌指硬功，从而使其掌指达到一定的硬度，在实战中，多以掌指伤人要害。

二、步法稳固

稳马是南拳的主要特点之一，马即步，也谓之桩。畲族传统武术的步法有八字马、不丁不八马、虚实马等。

演练时步法稳健，固如磐石，很少有高踢和跳跃的动作。为了达到步稳的目的，除了练徒手"坐桩"和"拖桩"外，还通过加重物如肩顶石锁、身穿沙衣、脚系石磨等进行"坐桩"和"拖桩"的练习，所以在套路练习和实战中表现出步如"落地生根"一样的稳定，这是习武者最高的技术追求。畲族传统武术通常用"推桩"的办法来检验习武者功力的深浅，故"马实"被认为是习武最基础也是至关重要的一环。

三、劲力刚猛

劲力刚猛，颇具勇猛剽悍之形、雄伟磅礴之势是畲族传统武术有别于北拳的重要特征。畲族传统武术除具有一整套的训练功法如戴石帽、劈树桩、插竹把、抓石豆腐等外，也很重视气与力的配合，其"千招易躲，巨力难防"之拳谚正说明了这一点。其发力动作要求气息吞吐浮沉的配合，发力借助积蓄的"气"将"力"猛烈催发，即所谓的"以气催力"，以调动全身之力发出刚猛之劲。畲族传统武术的发力常伴有"咳！""咳！"的吼声，以助发力和提升气势。

四、形威而幅度小

畲族传统武术在演练中，要求习武者"眼似铜铃，嘴像狮形"，讲究形象威武、雄伟剽悍，效仿虎之勇猛之形、豹之悍烈之势，并常配合稳健的步法、气势雄壮的震脚，以威慑对手，从而达到从心理上战胜对手的目的。

畲族传统武术多短手短技，运动中出手短、收手快，"手不离子午，技不离中门"，紧护"门户"。将畲族传统武术的"不丁不八马"出拳与北拳的弓步冲拳相比，前者出拳距离约为后者的二分之一，可见其幅度之小。

五、腿法少而低

畲族传统武术习武者对起腿持十分慎重的态度，认为"起腿半边空""起腿三分虚"的起腿动作必为险招。在畲族传统武术套路中，腿法并不多见，且以蹬、弹、踩为主的腿法均"踢腿不过腰"，与北拳的"拳打三分脚打七"形成鲜明的对比。

第二章　畲族拳术的拳理

如前文所述,畲族拳是流传在我国畲族中的拳种,很少与外界交流,故仍保留着其古老的传统,重在防身,不先动手,讲究礼让,后发制人。在畲族传统武术师中流传着这样一句话:"练拳习武亦修德,一练筋骨,二练技,三打不平,四养性。"由此可见,畲族传统武术师是十分重视武德教育的。此外,它对功法及刚柔、虚实、进退、攻守等对立统一的矛盾均有一套辩证的理论。现简述于下。

一、武　德

练拳重武德,本是英雄色;无德技不高,德厚功亦深。

无艺想打人,艺高不打人;四海皆兄弟,友善为守则。

二、功　法

打拳先站桩,步稳心不慌;步步皆有解,唯有力难防。

指法最狠毒,切莫轻露功;练拳加练功,胜似孙悟空。

三、刚　柔

刚者法之本，柔乃变之基；太刚必易折，太柔终受欺。

须刚必用刚，须柔则应柔；刚柔直相济，不可有偏倚。

四、虚　实

打拳论虚实，才是上乘技；虚实多变幻，审察可临敌。

虚虚又实实，实实又虚虚；能虚又能实，制敌有奇机。

五、进　退

知进不知退，枉自费心机；能退不能进，空负平身艺。

进如猫扑鼠，退如鱼跃溪；善进亦善退，方能施绝技。

六、攻　守

专攻必大败，专守无便宜；单桥打不动，连攻可获益。

审时又度势，声东又击西；攻守两兼顾，稳操得胜旗。

第三章　畲族传统武术的练功方法

第一节　畲族传统武术的基本步型、手型及其要求

一、基本步型

（一）八字马

1．基本动作

两脚左右分开，距离稍比肩宽；两脚尖朝前略外张，两腿屈膝半蹲，大腿与水平面约成45°角，膝关节与脚尖垂直，身体重心落于两腿之间，敛臀收胯。目视前方。（图3-1-1）

2．要求与要点

上体正直，目视前方，两脚全脚掌着地。

3．练法

（1）按动作要求原地站桩，并逐渐延长站桩的时间。

（2）进行转体，换步八字马的

图3-1-1

活步练习。

（3）站桩和八字马的活步练习可同时结合基本手法进行。

（二）不丁不八马

1．基本动作

两脚前后开立，前脚脚尖微内扣，前腿屈膝半蹲，大腿与水平面约成45°角，膝关节不超过脚尖；后腿微屈，脚尖内扣，脚跟后蹬，使两脚掌形成不丁不八型。（图3－1－2）

图3－1－2

2．要求与要点

上体正直，目视前方，两脚全脚掌着地。

3．练法

（1）按动作要求原地站桩，并逐渐延长站桩的时间。

（2）进行转体不丁不八马的换步练习。

（3）进行行进间不丁不八马的拖桩练习。

（三）虚实马

1．基本动作

一腿伸直，全脚掌着地，脚尖略外撇支撑体重；另一腿膝关节微屈，前脚掌虚点地面。（图3－1－3）

图3－1－3

2．要求与要点

上体正直，目视前方，两腿虚实分明。

3．练法

按动作要求原地站桩，并逐步延长站桩时间。

二、手　型

（一）拳

1．基本动作

图 3－1－4

四指卷屈握紧，拇指紧扣食指和中指的第二指节，中指与食指凸起。（图 3－1－4）

2．要求与要点

握拳要紧，手腕要直。

（二）单刀（掌）

1．基本动作

四指伸直或微屈并拢，拇指弯曲内扣。（图 3－1－5）

2．要求与要点

四指并拢要紧。

图 3－1－5

（三）一指（单枝点穴指）

1．基本动作

图 3－1－6

食指伸直，中指、无名指、小指的第一、二指节紧屈，拇指弯曲内扣。（图 3－1－6）

2．要求与要点

食指顶直，其余四指并拢紧屈，手腕要直。

（四）二指

1．锁喉指

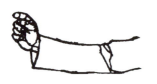

图 3-1-7

（1）基本动作。拇指与食指微屈张开成半月形，其余三指靠拢紧屈。（图 3-1-7）

（2）要求与要点。拇指与食指撑顶，使力量聚于二指的指尖。

2．摸珠指

（1）基本动作。食指与中指伸直分开，其余三指屈拢捏紧，拇指扣于无名指和小指的第一指节。（图 3-1-8）

图 3-1-8

（2）要求与要点。食指、中指伸直撑顶，使力量聚于二指的指尖。

3．双枝点空指

（1）基本动作。食指与中指伸直并拢，其余三指弯曲屈紧。（图 3-1-9）

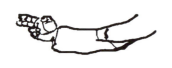

图 3-1-9

（2）要求与要点。食指与中指用力撑顶，使力量聚于二指的指尖。

（五）三指（掏裆指）

1. 基本动作

图 3-1-10

拇指、食指、中指微屈张开，无名指与小指并拢紧屈。（图 3-1-10）

2. 要求与要点

拇指、食指、中指要用力撑顶，使力量聚于三指的指尖。

（六）四指（插肋指）

1. 基本动作

四指伸直并拢，掌心稍凹，拇指弯曲内扣，腕关节伸直。（图 3-1-11）

图 3-1-11

2. 要求与要点

四指顶直，使力量聚于四指的指尖。

（七）五指（爪）

1. 基本动作

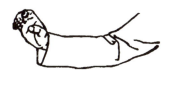

图 3-1-12

五指微屈，虎口张开。（图 3-1-12）

2. 要求与要点

塌腕，力量聚于五指的指尖。

第二节 畲族传统武术的基本手法及其要求

一、拳 法

（一）直锤

1. 预备姿势

步型为八字马，两手握拳，拳心朝内，抱于腹前。

2. 动作说明

左臂由屈到伸，左拳直线向前猛力打出，力达拳面，高与肩平，拳心朝下。目视前方。（图3-2-1）

3. 要求与要点

出锤要快速有力，力达食指、中指指节，臂微屈。

图3-2-1

（二）格锤

1. 预备姿势

图3-2-2

每步型为不丁不八马，两手握拳，拳心朝内，抱于腹前。

2. 动作说明

左拳经体前向上、向前、向外格挡，拳心朝内。目视左拳。（图3-2-2）

3. 要求与要点

向外格拳时，左前臂外旋，使劲力聚于左前臂桡骨一侧。

（三）田螺锤

1. 预备姿势

步型为八字马，两手握拳，拳心朝内，抱于腹前。

2. 动作说明

右拳上提至右肩前，前臂内旋，拳沿螺旋形路线向前猛力打出，拳心朝外，拳眼朝下，拳略低于肩或与肩平。（图3－2－3）

3. 要求与要点

右拳打出时，重心略向左移，身体应向左倾斜，向上提拳和向前击出要连贯协调，不可停顿分解，并要借助拧腰的力量，使力点贯于拳面。

图3－2－3

（四）牛角锤

1. 预备姿势

步型为不丁不八马，两手握拳，拳心朝内，抱于腹前。

2. 动作说明

两拳经体侧向前、向上、向里做牛角状钳摆，右拳略高，置于右额前上方，拳眼斜朝下，拳心斜朝外；左

拳略低，置于左腹前，拳心朝下，拳眼斜朝右，力达拳面，发力迅猛。（图3－2－4）

3．要求与要点

做"牛角锤"动作时，两拳应同时钳摆，使身腰力量和两拳的合力协调一致，发出爆发力。

图3－2－4

二、掌　法

（一）单刀（掌）

1．预备姿势

步型为不丁不八马，两手握拳，拳心朝内，抱于腹前。

2．动作说明

右拳变掌向前猛力推出，力达掌根或小指一侧，掌尖高与鼻齐。目视掌尖。（图3－2－5）

3．要求与要点

击掌时，右臂微屈，迅速有力，使周身力量贯于掌根或小指一侧。

图3－2－5

（二）双刀（双掌）

1．预备姿势

步型为不丁不八马，两手握拳，拳心朝内，抱于腹前。

2．动作说明

两拳变掌，向前猛烈推击，力达掌根或小指一侧，指尖高与鼻齐。目视掌尖。（图3－2－6）

3．要求与要点

与单刀一样，击掌时，臂微屈，动作要迅猛有力，使力量贯于掌根或小指一侧。

图3－2－6

三、肘　法

（一）抱肘顶

1．预备姿势

步型为八字马，两手握拳，拳心朝内，抱于腹前。

2．动作说明

图3－2－7

左肘弯曲向左上方顶撞，略低于肩。同时，右拳变掌，由腹前向左上方抱抵左肘尖。目视左肘。（图3－2－7）

3．要求与要点

抱肘顶时，上臂前臂应夹紧，顶击要借助腰的拧转，使周身力量聚于肘关节。

（二）开弓顶

1. 预备姿势

步型为八字马，两手握拳，拳心朝内，抱于腹前。

2. 动作说明

图 3-2-8

右肘向右上方猛烈顶击。目视右肘尖。（图 3-2-8）

3. 要求与要点

右臂保持曲度不变，顶肘发力时，要借助身腰的力量发出快速短促的抖劲。

四、指　法

（一）单枝点穴指

1. 预备姿势

步型为不丁不八马，两手握拳，拳心朝内，抱于腹前。

2. 动作说明

右手食指伸直成"单枝点穴指"，拇指一侧朝上，随右臂伸直向前点击。（图 3-2-9）

3. 要求与要点

右"单枝点穴指"点出时，应短促有力，发内劲，力达指尖。

图 3-2-9

目视手指出击方向。

(二) 摸珠指

1. 预备姿势

步型为不丁不八马，两手握拳，拳心朝内，抱于腹前。

2. 动作说明

右手食指与中指伸直分开，成"摸珠指"，随臂伸直向前上方插击，手心朝下，力达指尖。目视二指。（图3-2-10）

图3-2-10

3. 要求与要点

食指与中指的距离约为五厘米（与两眼之间距离同宽），"摸珠"时应准确有力，发出内劲。

(三) 锁喉指

1. 预备姿势

图3-2-11

步型为不丁不八马，两手握拳，拳心朝内，抱于腹前。

2. 动作说明

左拳拇指与食指分开，向前上方推出，手略高于肩，手心朝前，力达拇指、食指的指尖。目视二指的指尖。（图3-2-11）

3．要求与要点

二指向前上方推击时要快速准确，力聚二指，发出内劲。

（四）掏裆（偷桃）指

1．预备姿势

步型为八字马，两手握拳，拳心朝内，抱于腹前。

2．动作说明

左臂屈肘上架于额前上方。同时，身体左转，重心略左移，右手拇指、食指、中指张开成掏裆指向左下方掏抓。目视右手。（图3－2－12）

图3－2－12

3．要求与要点

左臂上架与右臂出击要同时完成，右手掏裆要迅速准确，力达指尖。

拳术编

▲福安金斗洋第八代畲族武术非遗传承人雷盛荣现场演练畲家拳

▲福安金斗洋第九代畲族武术非遗传承人钟团玉现场传授畲族拳

畲族传统武术套路教材

▲2011年9月11日，金斗洋畲族拳参加第九届全国少数民族传统体育运动会比赛现场

▲福安畲族武术非遗传承人钟团玉在康厝中心小学现场传授金斗洋畲族拳

第四章　畲族拳套路拳谱及其图文详解

第一节 "小六步"拳谱及其图文详解

一、"小六步"拳谱

（1）请拳（起式）　　　　（2）双磨钢刀

（3）双刀破竹　　　　　　（4）单刀破竹

（5）二指锁喉　　　　　　（6）二龙戏珠（二指摸珠）

（7）蛤蟆钓珠（3次）　　 （8）小鬼抱柱

（9）孔雀开屏　　　　　　（10）水里铲月

（11）水里铲月　　　　　　（12）猛虎推山

（13）牵牛过栏　　　　　　（14）饿牛顶柱（拉弓顶）

（15）小鬼推磨　　　　　　（16）饿虎扑食

（17）单刀破竹　　　　　　（18）谢拳（收式）

预备姿势

两腿伸直靠拢，成立正姿势。头颈正直，下颏微内收，两臂自然下垂贴于体侧，精神集中。目视正前方。（图4－1－1）

二、"小六步"拳谱图文详解

图4－1－1

（一）请拳（起式）

1．基本动作

图4－1－2

两掌变拳，由体侧向前、向上重叠于腹前（右拳在上），两拳拳心斜朝内，拳眼斜朝上。同时，左腿向前迈出半步，前脚掌虚点地面，成虚实马。目视正前方。（图4－1－2）

2．动作要点

体态自然，头颈正直，下颏微内收，重心偏于右腿。

（二）双磨钢刀

1．基本动作

左脚向左后方退半步，两膝微屈，重心落于两腿之间，成高八字马。同时，两拳收于胸前，两拳之间相距约10厘米，拳眼朝上，拳心朝内。目视前方。（图4－1－3）

两拳变掌，两前臂内旋，使两掌心转朝下，小指侧朝前，两掌同时向前切击。目视两掌。（图4－1－4）

图4－1－3

图4－1－4

2．动作要点

两脚距离略宽于肩，身体自然直立。两掌击出要迅猛有力，使力贯于小指一侧。两掌之间的距离约为10厘米。

（三）双刀破竹

1．基本动作

两掌收经腹前，向左前方推击，掌心斜相对，小指侧朝前，两掌高与肩齐。同时，右脚向左前方上步，成不丁不八马。目视指尖。（图4－1－5）

2．动作要点

两掌回收时要蓄气，出击时要配合聚气猛烈击出，使力点贯于掌小指侧。同时，亦可发出"咳！"的喊声，以助拳威与发力。

图4－1－5

（四）单刀破竹

1. 基本动作

两掌变拳收于腹前，身体微微向右转，右拳变掌向前推击，指尖朝上，高与肩齐，掌心朝左，力达小指侧。同时，右腿蹬起略收回，随即向正前方上步，右腿屈膝半蹲，成不丁不八马。目视右掌。（图4-1-6）

图4-1-6

2. 动作要点

两掌变拳收抱腹前应与右脚回收协调一致，右脚上步成不丁不八马，与右掌向前推击应同时完成。上步的步幅要大，要利用身体向前的冲力将右掌猛烈推出。

（五）二指锁喉

1. 基本动作

图4-1-7

重心前移，左脚向前上一步，左腿屈膝半蹲，成不丁不八马。同时，右腕外旋，右掌变"锁喉指"收于右胸前，左拳变"锁喉指"由腹前向前上方推出，左手略高于肩。目视左手。（图4-1-7）

2．动作要点

右掌缠腕回收和左腿上步、左手推击锁喉要协调一致，同时完成。锁喉时，动作要迅速准确，上体略前倾，重心偏于左腿。

3．击法要点

当我方右腕被对方抓住时，我方右手缠腕反抓对方腕往回拉，同时，左手猛锁其喉部。

（六）二龙戏珠（二指摸珠）

1．基本动作

重心前移，"左锁喉指"变"掏裆指"收回置于腰左后侧，指尖向后；"右锁喉指"变"摸珠指"，由胸前向前上方插击，手心朝下，指尖朝前。同时，右脚向前上步，成不丁不八马。目视二指。（图4－1－8）

图4－1－8

2．动作要点

上步要快，步法要稳。左手回收、右手插击和上步要协调一致，"右摸珠指"向前上插击时要快速准确，使力聚于指尖。

3．击法要点

当对方托住我方左腕、欲破我方锁喉时，我方左手迅速下扣抓握其手腕猛力拉回。同时，速用"摸珠指"插击其眼部。

（七）蛤蟆钓珠（3次）

本动作连续做3次。

1. 基本动作

"右摸珠指"下按。同时，左腿蹬地屈膝向前上踢起，脚尖上勾，力点贯于脚尖。目视前下方。（图4-1-9）

图4-1-9

2. 动作要点

左腿上踢要快速有力，高不过腰；支撑腿微屈，五趾抓地，以保持身体平衡。

3. 击法要点

当我方"右摸珠指"插击对方眼部时，其慌忙上架，下露空当，我方见势起脚，猛踢其小腹或裆部。

（八）小鬼抱柱

1. 基本动作

图4-1-10

左腿向左后方落步，成不丁不八马。同时，左指变掌，由腰后向前、向里箍抱，至胸前变拳，拳心朝下；右指变掌，掌心朝下，向内箍抱，并握住左手手腕，拇指侧朝内，手心朝下。目视右前方。（图4-1-10）

2．动作要点

左腿下落与两手箍抱要协调完成，步法要稳。

（九）孔雀开屏

1．基本动作

身体左后转，右脚脚尖内扣；左脚收于右脚前，前脚掌虚点地面，成虚实马。同时，右掌向左下方拨击，护于裆前，掌心朝左，指尖斜向下；左拳变掌上挑至左额前，掌心朝右，指尖斜朝上，高与头齐。目视左前方。（图4－1－11）

图4－1－11

2．动作要点

右掌下拨、左掌上挑与转身成虚实马要同时完成；转身要快，下拨上挑要疾速有力。

3．击法要点

当对方从背后攻向我方头部和腰部时，我方突然转身，上挑下拨其拳脚。

（十）水里铲月

1．基本动作

（1）左掌变拳，从左向右下方抓握成拳，拳心朝下，拳眼朝内，置于右胸前。同时，身体右转，重心前移，右腿屈膝提起。目视前方。（图4－1－12）

图4－1－12

35

（2）右脚向左前方震脚落步，左腿向左前方上步，成不丁不八马。同时，上体左拧，右掌向左前方撩击，掌心斜朝上，高与腰齐。目视右掌。（图4-1-13）

图4-1-13

2．动作要点

左手里扣时要略抓握；右脚震脚要沉稳有力。右脚震脚、左腿上步与右手撩击的动作要连贯协调，并利用拧腰的力量，使右撩掌发出脆劲，力达掌根。

3．击法要点

假设对方右拳击我方头部，我方左掌内拨，抓住其手腕。同时，提右脚猛跺其脚面，并抬右掌撩击其裆部或小腹。

（十一）水里铲月

1．基本动作

（1）左腿蹬地提起，重心移至右腿。同时，身体略向右转。目视左方。（图4-1-14）

（2）上动不停，左脚经右腿前向右后方震脚下落，右脚随即向右后方撤步，成不丁不八马。同时，左拳变掌，向左上方摆起，掌心朝右，指尖朝上，左臂微屈，右掌变拳收于腹前。目视左掌。（图4-1-15）

（3）上动不停，左掌从左向右、向下抓握成拳，拳心朝下，拳眼朝内，置于右胸前。同时，身体左拧，右

拳变掌，向左前下方撩击，掌心斜朝上，高与腰齐。目视左下方。（图4-1-16）

图4-1-14　　　　图4-1-15　　　　图4-1-16

2．动作要点

撤步时，步法要快速敏捷，不可跳起。左脚震脚要沉稳有力。右掌撩击时，要借助重心下降与身体左拧的力量，使力达掌根。

3．击法要点

当对方向我方逼近，并用拳向我方头部击来时，我方迅速向后撤步。同时，左手向内拨动，并抓住对方的手腕，右手猛撩其腹部或裆部。

（十二）猛虎推山

1．基本动作

（1）身体右转，左腿蹬直，重心右移成不丁不八马。同时，右掌变拳，与左拳同抱于腹前，拳心朝内，拳眼朝上。目视右前方。（图4-1-17）

（2）上动不停，身体左转，右腿蹬起向左前方上步，成不丁不八马。同时，两拳变掌向前上方推击，掌心朝前，指尖朝上，两臂微屈，右掌指尖高与眼齐；左掌置于右前臂内侧，指尖高与胸齐，力达掌根。目视右掌。（图4-1-18）

图4-1-17　　　　　　　图4-1-18

2．动作要点

身体右转、两拳收向胸前时，要憋气蓄力，推掌时要借助上步拧腰转体的力量，突然发力，使动作协调一致地完成。同时，发出"咳！"的喊声，以气催力。

3．击法要点

当对方向我方上身进击时，我方重心后移躲过，并趁其"旧力已过，新力未生"之时进行反击，用"猛虎推山"式将其击倒。

（十三）牵牛过栏

1．基本动作

右腿蹬地，重心左移，两腿屈膝下蹲成八字马。同时，身体向左拧，两掌五指微屈，从上经腹前向左下方

牵拉,重心略偏于左腿。目视左下方。(图4-1-19)

2．动作要点

两臂牵拉时,要借助蹬腿拧腰之势发出猛劲。重心略低于八字马,身体略向左倾。

图4-1-19

3．击法要点

当对方向我方进攻时,我方抓握对方之手臂顺势牵拉,使其失去重心。

(十四) 饿牛顶柱 (拉弓顶)

1．基本动作

图4-1-20

左腿蹬地,重心略右移。同时,右臂屈肘向右上方顶撞,肘尖高与肩齐,左手握拳收于腹前,拳心朝内。目视右肘。(图4-1-20)

2．动作要点

顶肘时,前臂内旋,并与上臂夹紧,要借拧腰、转体、蹬腿的力量,使力量贯于肘尖,并发出寸劲。

3．击法要点

当我方使用"牵牛过栏"式时,对方失去重心,往左跌扑,我方速用"饿牛顶柱"式猛击其肋部。

（十五）小鬼推磨

1. 基本动作

（1）两腿蹬地撑起，身体略向左转。同时，两拳变掌向左上摆动。目视左掌。（图4-1-21）

（2）上动不停，身体左后转，右腿向前上步，成八字马。同时，两掌向左、向下、向右下方画弧切击，两臂微屈，右掌略高于左掌，右掌心朝下，左掌心朝上，指尖朝前，力点贯于小指一侧。目视右前方。（图4-1-22）

图4-1-21

图4-1-22

2. 动作要点

上步成八字马和摆臂切击动作要连贯，并借助拧腰转身的力量，使力聚于两掌的小指一侧。

3. 击法要点

当对方击打我方左太阳穴时，我方转身摆掌，拨开对方的来拳，并顺势切击其腰腹部。

（十六）饿虎扑食

1. 基本动作

身体左转，右脚蹬地向前上步，成不丁不八马。同时，两掌收经腹前向右前方切击，两臂微屈，右掌略高于左掌，指尖朝前，右掌心朝下，左掌心朝上，力点贯于小指一侧。目视右掌。（图4－1－23）

图4－1－23

2. 动作要点

上步要快，步法要稳；两掌切击与上步成不丁不八马时要协调一致，并借助蹬腿的力量，使两掌发出爆发力。

3. 击法要点

本动作是假设我方在左右受敌的情况下，左切右击，进攻对方。

（十七）单刀破竹

1. 基本动作

右脚脚尖里扣，身体左转，重心左移，成不丁不八马。同时，右掌经右肩上方向前下方劈击，右臂微屈，掌心朝左，指尖斜朝上，力点贯于小指一侧；左掌变锁喉指，置于右肘下，手心朝右，虎口朝上。目视右掌。（图4－1－24）

图4－1－24

2. 动作要点

劈掌与蹬腿、拧腰要协调一致,使力点贯于小指一侧。

3. 击法要点

"单刀破竹"式与"饿虎扑食"式一样,亦是假设我方在左右受敌时进行指左打右的进攻练习。此动作可作为击对方脸部或颈部的练习。

(十八) 谢拳 (收式)

1. 基本动作

左脚向左后方撤步,与右脚站在一条直线上,两脚距离略宽于肩,两腿微屈下蹲,成高八字马。同时,右掌与左锁喉指变拳,右拳在上,左拳在下,重叠于体前,拳眼朝上,拳心斜朝内。目视前方。(图4-1-25)

图4-1-25

2. 动作要点

左脚回收与两拳重叠应同时进行,上体自然正直,下颏微内收。

3. 收势要点

两腿直立,左脚向右脚靠拢,成立正姿势。同时,两拳变掌,自然下垂,贴于体侧,双目正视前方。(图4-1-26)

图4-1-26

第二节 "大六步"拳谱及其图文详解

一、"大六步"拳谱

（1）请拳（起式）　　　（2）美女梳妆

（3）双刀破竹　　　　　（4）狮子摆尾

（5）右田螺锤　　　　　（6）左田螺锤

（7）将军带马（右）　　（8）将军带马（左）

（9）右冲天炮　　　　　（10）岩头栽竹

（11）仙人拉竹　　　　（12）岩头栽竹

（13）右冲天炮　　　　（14）童子拜佛

（15）仙人削竹　　　　（16）小鬼推磨

（17）右拐锤　　　　　（18）双枝朝阳

（19）双枝朝阳　　　　（20）二郎担水

（21）雷公闪电（3次）　（22）蛤蟆钓珠（3次）

（23）黄牛斗角（3次）　（24）仙人摘桃（右）

（25）仙人摘桃（左）　（26）美女梳妆

（27）谢拳（收式）

预备姿势

两腿伸直靠拢，头颈正直，下颏微向内收，两臂自然下垂贴于体侧，精神集中。目视正前方。（图4-2-1）

图4-2-1

二、"大六步"拳谱图文详解

（一）请拳（起式）

1. 基本动作

两掌变拳，由体侧向前、向上重叠于腹前（右拳在上），两拳拳心斜朝内，拳眼朝上。同时，左腿微屈膝向前迈出半步，前脚掌虚点地面，成虚实马。目视正前方。（图4-2-2）

图4-2-2

2. 动作要点

体态自然，头颈正直，下颏微内收，重心偏于右腿。

（二）美女梳妆

1. 基本动作

（1）左腿向左后方退半步，使两脚站在一条线上，间距略比肩宽，屈膝下蹲成八字马。同时，两拳上提，分别置于两眉眉侧，两拳拳心斜朝下，拳眼斜朝内。目视正前方。（图4-2-3）

（2）上动不停，两拳变"双枝点穴指"，慢速而用力地向前插伸，手心朝下，手指朝前。目视正前方。（图4-2-4）

图4-2-3　　　　　　　　图4-2-4

2．动作要点

"双枝点穴指"前插时，要蓄力慢速向前运行，使手指微颤。当两臂快伸直时，突然聚气发劲，使力点贯于指尖，其发力节奏是先慢、后快、急停。上体体态自然。

（三）双刀破竹

1．基本动作

两手变掌，前臂外旋，使掌心转朝上，两掌小指一侧向里相互砍击。目视前方。（图4－2－5）

图4－2－5

2．动作要点

两臂外旋、掌心上翻时要慢而有力，臂部肌肉高度紧张，两掌砍击要短促快速，发出刚脆之劲。本动作亦可作为蓄劲发力的练习。

（四）狮子摆尾

1．基本动作

图4－2－6

左腿向前迈半步，脚跟蹬地，使重心左移，成不丁不八马。同时，身体左转，左拳变掌收至腹前；右掌变拳，右臂屈肘向左前上方格挡，右拳略高于头，拳心斜朝后。目视前方。（图4－2－6）

2. 动作要点

当对方从左侧向我方太阳穴进攻时，我方速转体，用右前臂向左格挡。

（五）右田螺锤

1. 基本动作

（1）身体右转，左脚脚尖内扣，右脚后撤半步，两脚站在一条直线上，两腿屈膝下蹲成八字马。同时，右拳屈肘收至右肩前，拳心斜朝里。目视前方。（图4-2-7）

（2）上动不停，右前臂内旋，肘关节上提，使拳呈螺旋形向前下方冲出，拳面朝前，拳眼朝下，高与胸齐。同时，上体左倾，重心略左移。目视右拳。（图4-2-8）

图4-2-7

图4-2-8

2. 动作要点

"右田螺锤"与上体左倾应同时完成，要借助拧腰转体之力，使螺旋拳打出爆发力，力达拳面。

3．击法要点

当对方用左直锤向我方面部击来时，我方向左躲闪，躲过对方的拳头，并迅速用"右田螺锤"猛击其肋部。

（六）左田螺锤

1．基本动作

身体向右拧转倾斜，重心右移。与此同时，左臂屈肘，前臂内旋，肘关节上提，左拳收经左肩前下方冲出，动作路线呈螺旋形，拳高与胸齐，拳心朝左；右臂外旋、屈肘，右拳收于腹前，拳心朝内，拳眼朝上。目视左拳。（图4-2-9）

图4-2-9

2．动作要点

"左田螺锤"与上体右倾须同时完成，要借助拧腰转体的力量，使螺旋拳打出爆发力，力达拳面。

3．击法要点

假设我方出击的"右田螺锤"被对方格开，我方应快速改用"左田螺锤"猛击其腹部。

（七）将军带马（右）

1．基本动作

（1）重心移至左腿，右脚收至左脚前，脚前掌虚点地面，成虚实马。同时，左前臂外旋屈肘略收回，使拳心向右，拳眼向上。右拳上提至左肘下，拳眼朝前，

拳心朝上。目视前方。（图 4-2-10）

（2）上动不停，右脚向右前方上步，成不丁不八马。同时，左拳收至腹前，拳眼朝上；右拳沿左前臂下侧向右前上方格挡，拳心斜朝里，拳眼斜朝后，拳高与肩平。目视右拳。（图 4-2-11）

图 4-2-10　　　　　　图 4-2-11

2．动作要点

右臂格挡时，应借助左腿蹬地向右拧腰的力量，使力点达于右前臂桡骨一侧。

3．击法要点

当对方抓住我方左手时，我方左臂速内旋后收。若挣脱对方的手，则用右拳横击其肋部；若对方力大不能挣脱，我方则用右拳挑击其腕，使其松手。

（八）将军带马（左）

1．基本动作

（1）右脚脚尖外展，重心移至右腿，左腿收至右脚前侧，脚前掌虚点地面，成虚实马。同时，右臂微内

旋略向后收。目视前方（图 4-2-12）

（2）上动不停，左脚向左前方上步，重心略向前移，成不丁不八马。同时，左拳经右拳下侧向左前上方格挡，拳心斜朝上，拳眼朝左，高与肩齐；右拳回收抱于腹前，拳眼朝上，拳心朝内。目视左拳。（图 4-2-13）

图 4-2-12

图 4-2-13

2．动作要点

左脚上步成不丁不八马，并与左拳格挡和右拳收抱协调一致，同时完成，并借助蹬腿拧腰的力量，使力点贯于左前臂桡骨一侧。

3．击法要点

当对方抓住我方右腕时，我方用左拳挑其手腕，使其松手。

（九）右冲天炮

1．基本动作

重心前移，右腿蹬地提起后向下震脚落地，两腿撑直，两脚之间距离约为20厘米。同时，右拳经面前向

前上方冲出，右臂微屈，拳面朝上，拳眼朝后；左前臂内旋，左拳变掌收于右腋下。目视前方。（图4-2-14）

2．动作要点

震脚时应沉重有力，震脚与右拳上冲、左掌回收应同时完成。上体保持自然正直。

图4-2-14

3．击法要点

震脚为壮声势，威慑对方，同时用右拳击其下颏。

（十）岩头栽竹

1．基本动作

图4-2-15

左脚向左后方撤步，右腿蹬地，身体左转，重心前移，成不丁不八马。同时，右臂屈肘，右拳经右肩前向前下方冲出，拳高与腰平，拳心斜朝下，拳眼朝左，力达拳面；左掌变拳，略向上摆，收于右胸前，拳心朝内。目视前下方。（图4-2-15）

2．动作要点

左脚撤步时，要利用右腿蹬地、身体向左拧转的力量，使周身之劲贯于右拳面，动作的完成要快速突然。

3．击法要点

上动中，当我方右拳冲击对方下颌时，对方若向我方左侧躲闪，我方即突然改变方向，用"岩头栽竹"式击打其腰肋部。

（十一）仙人拉竹

1．基本动作

图4-2-16

右脚经左脚后侧向左插步，身体右后转。同时，两拳变掏裆指，左手向左上方托起，右手向右上方猛拉，两手心朝前，右手高与肩齐，左手高与头齐。目视前方。（图4-2-16）

2．动作要点

左托右拉应借助左腿蹬地、拧腰转体的力量，使力聚集于两手。

3．击法要点

当对方向我方头部击来时，我方用右手抓住对方手腕，向右上方牵拉，左手托架其肘部。

（十二）岩头栽竹

1．基本动作

左腿蹬地，使重心右移，身体右转成不丁不八马。同时，两手变拳，左臂屈肘经左肩前向前下方冲出，拳高与腰齐，拳心斜朝下，拳眼朝右，力达拳面；右臂屈肘收抱

于腹前，拳眼朝上，拳心朝内。目视左拳。（图4-2-17）

2．动作要点

冲拳时，应借助左腿蹬地、身体向右转体的力量，使力达拳面。

3．击法要点

乘对方下腹出现空当时，我方用"岩头栽竹"式击打其下腹。

图4-2-17

（十三）右冲天炮

1．基本动作

图4-2-18

左脚向左前方上步，身体略左转成不丁不八马。同时，右拳经体前向前上冲出，右臂微屈，拳心朝左，拳眼朝后；左臂屈肘，左拳收于腹前，拳心朝内，拳眼朝上。目视前方。（图4-2-18）

2．动作要点

左脚上步与右拳上冲、左拳回收应协调一致。

3．击法要点

乘上步之机，用右拳冲击对方下颏。

（十四）童子拜佛

1．基本动作

左脚向左后方撤步，身体左转成不丁不八马。同时，两拳变掌，右掌向前下方摆动，左掌向前上方摆动，两腕交叉于体前。右掌在上，掌心朝左；左掌在下，掌心朝右；两掌小指侧朝前。目视前方。（图4-2-19）

图4-2-19

2．动作要点

身体左转成不丁不八马与两掌在体前交叉应同时完成，两臂微屈，掌尖与下颌同高。

3．击法要点

当对方用拳向我方胸部击来时，我方右掌向左、左掌向右猛力夹击，挫其腕关节。

（十五）仙人削竹

1．基本动作

图4-2-20

左脚向左前方上半步，右脚跟上半步，仍成不丁不八马。同时，右臂内旋，右掌由左掌上侧向右前上方削击，右掌与下颌同高，掌心斜朝下，掌指前，力达掌小指侧；左掌收于左胯侧，掌指朝前，掌心朝下。目视右掌。（图4-2-20）

2．动作要点

右掌削击应与上步同时进行，发力应短而猛。

3．击法要点

呈"童子拜佛"式，对方来拳被我方夹住后，我方速用"仙人削竹"式，削击其咽喉，使其窒息。

（十六）小鬼推磨

1. 基本动作

（1）左脚蹬地，重心右移，身体右转成不丁不八马。同时，两掌经腹前向右切击，两臂微屈，两掌高与腰齐，小指侧朝右。目视右掌。（图4-2-21）

（2）上动不停，右脚蹬地，重心略左移成八字马。同时，左前臂内旋使掌心转朝下，右前臂外旋，使掌心转朝上，两掌经腹前向左侧切击，掌指朝前，小指侧朝左。目视左掌。（图4-2-22）

图4-2-21

图4-2-22

2. 动作要点

两掌向右、向左右击应连贯完成，中间不可停顿，左右变向要快速突然，借助蹬腿转体的力量，使切击掌发出脆快之劲，并可配合发声，在左右切击时发出"咳！"的喊声以助拳威和发力。

3．击法要点

我方左右受敌时，用"小鬼推磨"式向左右切击对方腹部。

（十七）右拐锤

1．基本动作

右脚蹬地，身体左转，右脚向前上步成不丁不八马。同时，两掌变拳，右拳从体前向右、向上、向左横摆于额右前方，右臂微屈，拳心朝下，拳面朝左前方，力达拳面；左前臂外旋，左拳收抱于腹前，拳眼朝上，拳心朝内。目视右拳。（图4-2-23）

图4-2-23

2．动作要点

上步成不丁不八马与右拳横摆应同时完成，横摆右拳时，应借助蹬腿拧腰之力，使力点贯于拳面。

3．击法要点

承上势，当我方攻击对方下身时，对方注意防下，我方速改攻下为打上，猛击其太阳穴。

（十八）双枝朝阳

1．基本动作

身体左转成高八字马，同时，两拳的食指与中指伸直并拢，其余三指弯曲握紧，成"双枝点穴指"，右指经额前向前下方摆按；左指由腹前向前伸，两手手指交

叉于体前，高与腹齐，指尖斜朝前，掌心斜相对，拇指侧朝上。目视两手。（图4-2-24）

2. 动作要点

两"双枝点穴指"在体前交叉应与转体成八字马协调一致；伸按双指时，要配合聚气，发出短脆之劲。

图4-2-24

（十九）双枝朝阳

1. 基本动作

右脚向右前方上步成不丁不八马。同时，身体左拧，重叠的左右"双枝点穴指"向左下方按压于左胯前，指尖斜朝前，掌心斜相对。目视左下方。（图4-2-25）

图4-2-25

2. 动作要点

上步成不丁不八马与身体左拧的同时，两"双枝点穴指"向左下方用力慢慢按下，同时，引气下行沉于丹田。

（二十）二郎担水

1. 基本动作

右脚蹬地，重心移至左脚，右脚脚尖外展向左前方上步；左脚向右脚右后侧跟进，脚跟提起，脚前掌着地，两腿屈膝下蹲。同时，两"双枝点穴指"经上向左右两侧分开，两臂微屈，两手略高于肩，左手掌心朝前，

右手掌心朝下,两手指尖均朝前。目视前下方。(图 4-2-26)

2. 动作要点

两"双枝点穴指"向左右分摆与两腿屈膝下蹲应同时完成,两臂不可后展。

图 4-2-26

(二十一)雷公闪电(3 次)

本动作连续做 3 次。

1. 基本动作

(1) 两腿蹬地立起,右脚脚尖内扣,身体左后转,左脚向左前方上步。同时,两手变拳,左拳随转身向上、向左后方抡摆,拳略高于头,拳眼朝右,力达拳背。右拳摆至右胯外侧,身体略左倾。目视左拳。(图 4-2-27)

(2) 上动不停,右脚向左后方撤步,身体右后转。同时,右臂随转身向上、向右后方抡摆,拳略低于肩,拳眼朝上,力达拳背;左臂屈肘,左拳摆至左肩前,拳心斜朝下。目视前下方。(图 4-2-28)

图 4-2-27

图 4-2-28

（3）上动不停，左脚向右后方撤步，身体左后转。同时，左拳向上、向左后抡摆，拳眼斜朝上；右臂屈肘，右拳收抱于腹前，拳心朝内。目视左下方。（图4－2－29）

图4－2－29

2．动作要点

左脚撤步与左抡摆拳、右脚撤步与右抡摆拳应同时协调完成，使劲力贯于抡摆拳的拳背。整个"雷公闪电"动作应连贯快速，一气呵成，不可停顿。

3．击法要点

背面受敌时，我方急转身，用拳抡击对方，若对方防我方左拳，我方则速改用右拳抡击。

（二十二）蛤蟆钓珠（3次）

本动作连续做3次。

1．基本动作

（1）左脚脚尖外展，身体左转，右脚蹬地屈膝提起。同时，两拳变"摸珠指"摆至两肩前方，掌心朝下，指尖朝前。目视前方。（图4－2－30）

（2）上动不停，"右摸珠指"向前下按；"左摸珠指"经下摆向腰后侧，指尖朝后。同时，右腿向前踢起，脚尖上勾，脚高不过腰。目视前方。（图4－2－31）

图 4-2-30

图 4-2-31

2．动作要点

右腿提膝与踢出要连贯，前踢时要快而猛，力达脚尖；左腿微屈，五趾抓地，以保持身体平衡。

3．击法要点

当对方从我方左侧逼近时，我方突然转身，用两手"摸珠指"佯攻对方眼部，并迅速抬起右腿猛踢其裆部。此为上打下之法。

（二十三）黄牛斗角（3次）

本动作连续做3次。

1．基本动作

（1）右脚向前下落，脚尖里扣，随即蹬右腿，左转身成不丁不八马。同时，两手"摸珠指"变拳，右拳向前、向上、向里钳摆，高与头齐，拳心朝下，拳面斜朝前；左拳由腰后向外、向前、向里钳摆，高与腰齐，拳眼斜朝上。目视前下方。（图4-2-32）

（2）右脚向前上步成不丁不八马。同时，左拳向

外、向上、向里钳摆，拳眼朝右，拳心朝下；右拳向外、向下、向里钳摆至右胯前，拳眼斜朝上。目视前方。（图4-2-33）

图4-2-32

图4-2-33

（3）左脚向前上步，身体右转，成不丁不八马。同时，右拳向外、向上、向里钳摆，停于额右前上方；左拳向外、向下、向里钳摆，停于左胸前，拳心斜朝下。目视前方。（图4-2-34）

图4-2-34

2．动作要点

两拳前摆与上步成不丁不八马应同时完成；两臂保持微屈，使身体腰部的力量和两拳呈牛角状向里运动的合力协调一致，力贯拳面。整个"黄牛斗角"动作应连续完成。、

3．击法要点

我方两拳右上左下时是向对方右太阳穴、左腰腹部做钳状进击，若对方取右拳下格、左拳上挑动做破解，

我方速改为左上右下进攻其左太阳穴及右腰腹部。

（二十四）仙人摘桃（右）

1. 基本动作

左脚向后撤步，身体左转，两腿屈膝半蹲成八字马。同时，左臂屈肘上架于额前方，前臂尺骨侧朝上；右拳变"掏裆指"向下向左掏抓，指高与裆平，手心朝上，右臂微屈。目视前下方。（图4-2-35）

图4-2-35

2. 动作要点

左脚后撤成八字马与左拳上架、右手掏抓应同时完成，并借助转体拧腰之力使劲力贯于"掏裆指"指端。

3. 击法要点

当对方用拳向我方左侧进击时，我方左手架开对方拳，右手掏抓其裆部。

（二十五）仙人摘桃（左）

1. 基本动作

重心左移，身体左转，右脚蹬地向前上步成不丁不八马。同时，右臂屈肘上架于额前，前臂尺骨侧朝上；左拳变"掏裆指"经前下方掏抓，指高与裆平，手心朝上，左臂微屈。目视前下方。（图4-2-36）

图4-2-36

2．动作要点

呈"仙人摘桃"式，对方用拳击我方头部，我方左拳架开，右手掏抓其裆部，对方若用左手下格我方之右"掏裆指"，我方速用左手掏其裆部。

（二十六）美女梳妆

1．基本动作

（1）右脚蹬地，身体向左后转，两手变"双枝点穴指"，屈肘收至面前，指尖朝前，手心朝下。目视前方。（图4－2－37）

（2）上动不停，重心前移成不丁不八马。同时，左右"双枝点穴指"向前插击，指尖朝前，手心朝下，高与肩平。目视前方。（图4－2－38）

图4－2－37

图4－2－38

2．动作要点

两"双枝点穴指"向前插击时，应蓄力慢速向前运行，使手指略颤抖，当臂将伸直时，突然聚气发力，使力贯注于指尖。

3．击法要点

当对方向我方背后逼近时，我方急转身，用两"双枝点穴指"插击其咽喉。

（二十七）谢拳（收式）

1．基本动作

左脚向左后方撤步，两脚之间的距离略宽于肩，两膝微屈。同时，左右"双枝点穴指"变拳收回叠于腹前，右拳在上，左拳在下，拳心斜朝内，拳眼斜朝上。目视前方。（图4－2－39）

2．动作要点

身体自然，头颈正直，下颏微内收。

3．收势要点

左脚向右脚靠拢，两腿直立，成立正姿势。同时，两拳变掌自然下垂贴于体侧。目平视前方。（图4－2－40）

图4－2－39

图4－2－40

第三节 "七步"拳谱及其图文详解

一、"七步"拳谱

（1）请拳（起式）　　　（2）双磨钢刀

（3）黄牛饮水　　　　　（4）仙人栽竹

（5）小鬼推磨　　　　　（6）雷公击鼓

（7）岩头栽竹　　　　　（8）仙人献宝Ⅰ

（9）仙人献宝Ⅱ　　　　（10）翻江倒海

（11）鲤鱼上滩　　　　（12）鲤鱼下滩

（13）金鸡锁喉　　　　（14）拦虎过道

（15）仙人抱柱　　　　（16）蜻蜓点水

（17）藏龙现虎　　　　（18）雷公打鼓

（19）单刀破竹　　　　（20）谢拳（收式）

预备姿势

两腿伸直并拢，成立正姿势。头颈正直，下颏微内收，两臂自然下垂，贴于体侧，精神集中。目视正前方。（图4－3－1）

图4－3－1

二、"七步"拳谱图文详解

（一）请拳（起式）

1. 基本动作

两掌变拳，由体侧向前、向上重叠于体前，左拳在下，右拳在上，两拳拳心斜朝内，拳眼朝上。同时，左膝微屈，左脚向前迈出半步，前脚掌虚点地面，成虚实马。目视正前方。（图4-3-2）

图4-3-2

2. 动作要点

体态自然，头颈正直，下颌微内收，重心偏重于右腿。

（二）双磨钢刀

1. 基本动作

（1）左腿向左斜后方退半步，使两脚站在一条直线上，距离略比肩宽。同时，两拳变掌，前臂内旋提至胸前，掌心朝下，两手指尖相对。目视前方。（图4-3-3）

（2）两腿屈膝半蹲，成八字马。两掌向前下方切击，两臂微屈，两掌高与腰齐，力点达于掌小指侧。目视前方。（图4-3-4）

图 4-3-3　　　　　　图 4-3-4

2．动作要点

退步与两拳变掌上提、成八字马与两掌切击应同时完成。两掌上提时要蓄气，切击时，要聚气猛烈出击，发出刚猛之劲，使周身力量贯于小指侧。

（三）黄牛饮水

1．基本动作

（1）两掌变拳收至胸前，拳心向内，拳眼斜朝上。同时，两腿蹬地，重心略上提。目视前方。（图 4-3-5）

（2）身体左转，右腿蹬地屈膝提起。同时，左拳向左下方伸出格挡，高与腰齐，拳眼斜朝上，拳心斜朝内。目视左拳。（图 4-3-6）

图 4-3-5　　　　　　图 4-3-6

（3）上动不停，左腿蹬地跳起，右脚在左脚前方下落，左脚向左前方上步，成不丁不八马。同时，左拳收抱于胸前，拳心朝内，拳眼朝上；右拳向前下方冲出，右臂微屈，右拳高与裆齐，拳面斜朝下，拳眼斜朝上。目视右拳。（图4-3-7）

2．动作要点

提膝与左拳下格、跳步成不丁不八马与下冲拳应同时完成，整个动作要协调连贯，一气呵成。

3．击法要点

当对方起脚向我方裆部踢来时，我方用左拳向下格挡来脚，此时，乘对方身体失去平衡之际，即用右拳猛冲其裆部或腹部。（图4-3-8）

图4-3-7

图4-3-8

（四）仙人栽竹

1．基本动作

（1）身体左转，右脚向前上一步成不丁不八马。同时，右臂先外旋屈肘并略上提，随即内旋经腹前向左

下方栽击，拳面斜朝下，拳心朝内。目视前下方。（图4－3－9）

图4－3－9

（2）上动不停，左腿蹬地，重心略右移。同时，身体右转，右前臂外旋向右上方翻转竖起格挡，拳心朝里，拳眼朝右，高与肩齐。目视右拳。（图4－3－10）

（3）上动不停，左拳向前下方栽击，拳面斜朝前，拳眼斜朝上。目视前下方。（图4－3－11）

图4－3－10　　　　　图4－3－11

2．动作要点

右拳下栽、上格与左拳栽击要连续完成，不可脱节。

3．击法要点

假设对方用脚向我方踢来，我方则用右拳点击其胫骨，对方收脚，用拳击我方胸部，我方右拳向上格出；同时，出左拳击打对方腹部、胸部。（图4－3－12）

图4－3－12

（五）小鬼推磨

1．基本动作

（1）右腿蹬地，身体左转，重心左移，成不丁不八马。同时，两拳变掌，经腹前向左侧切击，左掌略高于右掌，左掌心朝下，右掌心斜朝上。目视左掌。（图4－3－13）

（2）上动不停，身体右转，左脚蹬地，重心右移，成不丁不八马。同时，左掌心转向上，右掌心转向下，右掌略高于左掌，经腹前向右侧猛烈切击。目视右掌。（图4－3－14）

图4－3－13

图4－3－14

2．动作要点

两臂向左、右切击应连续完成，并借助蹬腿、拧腰之力，使力点聚于掌小指侧。在向左、向右切击发力时，要发出"咳！""咳！"的喊声。

3．击法要点

在两面受敌时，采用这种方式进行快速、有力的左右进击。（图4-3-15）

图4-3-15

（六）雷公击鼓

1．基本动作

身体微左转，重心略左移，成八字马。同时，左掌变拳，经腹前向左鞭击，高与膝平，拳眼斜朝上；右臂屈肘，右掌变拳收抱于腹前，拳心朝内，拳眼朝上。（图4-3-16）

2．动作要点

左鞭击时，左臂应先屈后伸，用弹抖之劲，将力点贯于拳背。

3．击法要点

当对方用拳击我方头部、用脚踩我方胫骨时，我方屈膝下蹲以降低重心，躲过对方的来拳，并用左拳弹击其小腿肚子。（图4-3-17）

图 4-3-16

图 4-3-17

（七）岩头栽竹

1. 基本动作

（1）身体左转，两腿蹬起，右脚向前上步，成不丁不八马。同时，左拳上摆，略高于肩；右拳变掌，伸至左腋下，掌心斜朝下。目视左拳。（图 4-3-18）

（2）右掌沿左臂下侧向前搂手，收至右肩前，右掌变拳，经体前向左下方栽拳停于左膝前，拳心朝内，拳面朝下；左臂屈肘收抱于胸前，拳心朝内，拳眼朝上。同时，身体左拧，重心左移成八字马。目视右拳。（图 4-3-19）

图 4-3-18

图 4-3-19

2．动作要点

上步、搂手和拧腰成八字马向下栽拳应协调连贯，一气呵成。栽拳时，应利用身体向左拧转的力量，使力点贯于右拳拳面。

3．击法要点

当对方欲用右手抓我方左腕时，我方迅速用右手搂开其手。同时，迅速上步，用脚靠住对方膝关节后侧，右臂卡住其颈部，将其向左下方拧摔。（图4-3-20）

图4-3-20

（八）仙人献宝Ⅰ

1．基本动作

（1）右脚从左腿后侧向左插步，身体右后转，两腿屈膝下蹲，使重心下降并略偏于右脚。同时，右拳收于腹前，左臂外旋上抬，经左肩前向下、向里扣压，拳心朝下，拳眼朝内，高与胸齐。目视前方。（图4-3-21）

（2）上动不停，右腿蹬地，身体左拧，重心左移成八字马。同时，右拳变掌向左插击，指尖朝前，掌心朝上，高与腹齐。目视前方。（图4-3-22）

图4-3-21　　　　　图4-3-22

2．动作要点

转体时，应以前脚掌为轴转动，力求快而平稳；插掌时应借助身体向左拧转的力量，出手短促有劲，使力点聚于指尖。

3．击法要点

当对方右手锁我方咽喉时，我方左臂屈肘扣压其腕，右掌快速插向其腹部。（图4－3－23）

图4－3－23

（九）仙人献宝Ⅱ

1．基本动作

（1）右脚向左前方上步，身体左后转，成不丁不八马。同时，右掌变拳上抬，经右肩前向下扣压，拳心朝下，拳眼朝里；左拳微下降。目视前方。（图4－3－24）

（2）上动不停，右臂继续下扣，拳高与胸平；左拳变掌，前臂外旋向右前方插击，高与腹齐，掌心朝上，指尖朝前。同时，左脚向左前方移半步，成不丁不八马。目视前方。（图4－3－25）

图4－3－24

图4－3－25

2．动作要点

右脚上步成不丁不八马与右拳扣压、左拳插击应连贯协调，并应利用身体右拧的力量，使左掌的插击动作短促有力，力达指尖。

3．击法要点

当对方左手锁我方咽喉时，我方右前臂扣压对方腕，左手快速插向其肋部。

（十）翻江倒海

1．基本动作

（1）重心左移，两腿屈膝成八字马。同时，左掌经体前向左上方架起，右拳变掌，前臂外旋，掌心朝上，力聚掌小指侧，向左下方横砍，左掌高与腰齐。目视前方。（图4-3-26）

（2）两掌向上抬经额前向右、向下、向左画弧，经腹前向左切击，左掌略高于右掌，右掌心朝上，左掌心朝下，掌小指一侧向左。同时，身体左转并稍前倾。（图4-3-27、图4-3-28、图4-3-29）

图4-3-26

图4-3-27

图 4-3-28

图 4-3-29

2．动作要点

（1）左掌上架、右掌横砍时，重心应下降，并借助上体向左拧转的力量，使劲力贯于右掌小指侧。

（2）两掌绕环时，动作要连贯、协调，不能停顿，发力时，要借助拧腰、转体的力量，使周身之劲贯于两掌小指侧，同时发出"咳！"的喊声。

3．击法要点

当对方从背后击打我方头部时，我方急向后转身，左掌上架，右掌切击其裆部或腹部。

（十一）鲤鱼上滩

1．基本动作

右脚蹬地向前上步，身体左转成不丁不八马。同时，左掌变拳收抱于腹前，右掌变"摸珠指"向前上方插击，手心朝里，指高与头齐。目视右指。（图4-3-30）

图 4-3-30

2．动作要点

右指插击与上步要同时完成，借助蹬腿之力，使劲力贯于指尖。

3．击法要点

接上式，我方用双掌切击对方腹部，使其身体失去平衡，我方随即上步，用"摸珠指"插击其两眼。

（十二）鲤鱼下滩

1．基本动作

重心下降，同时，右臂屈肘内旋，向左、向下、向前画弧插击，手心朝下，指尖朝前，右手高与膝平。目视右下方。（图4-3-31）

图4-3-31

2．动作要点

右指插击应与下蹲同时完成，并要聚气，将力量贯于手指，使"摸珠指"发出短促之劲。

3．击法要点

承上式，我方"右摸珠指"插击对方眼，趁其上防之际，我方即改为攻下，插击对方腹部或裆部。（图4-3-32）

图4-3-32

(十三) 金鸡锁喉

1. 基本动作

图 4-3-33

（1）右脚蹬地略向后收，与左脚相距约同肩宽，身体稍左转。同时，"右摸珠指"变"锁喉指"，经腹前向前上方推出，手心朝前，虎口朝上，与下颏同高，力点贯于拇指和食指的指尖。目视右手。（图4-3-33）

（2）右脚后撤半步，成不丁不八马。同时，"右锁喉指"变拳收抱于腹前，拳心朝里，拳眼朝上；左掌变"锁喉指"向前上方推击，手心朝前，虎口朝上，与下颏同高，力点贯于拇指和食指的指尖。目视左手。（图4-3-34）

图 4-3-34

2. 动作要点

右脚收回与左转身推出"右锁喉指"、退右步与左手锁喉应同时完成。

3. 击法要点

当我方右手欲锁对方喉部却被其格开时，左手突然出击，锁住其喉部，使其窒息。（图4-3-35）

图 4-3-35

（十四）拦虎过道

1. 基本动作

身体右转，左腿蹬直，右脚收回半步，前脚掌虚点地面成虚实马。同时，右拳向右下方格挡，右臂微屈，拳心朝里，拳眼朝前；左锁喉指变拳，随体转略向右摆，屈臂停于额前，拳心朝下，拳眼斜朝右。目视前下方。（图4－3－36）

图4－3－36

2. 动作要点

身体右转与右脚回收成虚实马，右拳下格与左拳右摆应协调一致，同时完成。

3. 击法要点

当对方用脚从右侧向我方裆部踢来时，我方迅速用右拳下格，同时身体右转，用左拳击对方额部。

（十五）仙人抱柱

1. 基本动作

身体左后转，右脚向前上步，脚尖正向前方，右腿屈膝全蹲；左膝跪地，脚尖蹬地，脚跟提起。同时，身体前俯，两拳随身体前俯向前，向下向里箍抱，两手高与膝齐，虎口朝斜上。目视前下方。（图4－3－37）

图4－3－37

2．动作要点

右腿上步的同时，身体重心应迅速下降。上体下俯前倾，必须与两手箍抱协调一致，箍抱时，两臂微屈，两手要着意体现向内抱拉的脆劲。

3．击法要点

当对方的拳头向我方头部击来时，我方迅速下蹲躲过，并突然上步，两手拢住对方双膝并往里箍抱，用头或肩猛顶其腹部，将其撞倒。（图4－3－38）

图4－3－38

（十六）蜻蜓点水

1．基本动作

（1）右脚蹬地，身体左转，重心左移成八字马。同时，左拳拳心斜向内，屈臂夹紧，肘关节向左顶撞，高与胸齐；随即右拳变掌，屈肘击拍左肘肘尖。目视左肘。（图4－3－39）

（2）左拳翻经右前臂上方向左下方鞭击，高与腰齐，拳眼斜朝上，力点贯于拳背；右掌收抱于左腹前，掌心朝内。目视左拳。（图4－3－40）

2．动作要点

（1）顶肘与成八字马应同时完成，同时，应借助身体左拧的力量，使力量聚集于肘部，发出短脆刚猛之劲。

（2）左拳鞭击时，应以拳背为力点，发出弹抖之劲。

图 4-3-39

图 4-3-40

3．击法要点

我方左肘顶撞对方腹部时，对方用掌按压我方左肘，我方右掌迅速拨开其掌，用左拳鞭击其腹部。（图 4-3-41）

图 4-3-41

（十七）藏龙现虎

1．基本动作

两腿蹬地，重心上提，同时，左前臂经上向里、向下扣压于腹前，拳眼朝里，拳心朝下；右掌变拳，提经左腕上侧向前冲出，拳高与肩平，拳面朝前，拳心朝下。目视右拳。（图 4-3-42）

2．动作要点

重心上提，左拳扣压、右拳冲出应协调一致，力点贯于右拳面。冲右拳时臂应微屈，发力短促。

3．击法要点

当对方用拳向我方胸部击来时，我方左臂扣压其来拳，并用右拳向其还击。（图 4－3－43）

图 4－3－42

图 4－3－43

（十八）雷公打鼓

1．基本动作

左腿蹬地，重心右移成不丁不八马。同时，身体右转，右臂向右鞭击，高与肩平，拳眼朝上，力点贯于拳背；左前臂微外旋，左拳拳心转朝内，收抱于右胸前。目视右拳。（图 4－3－44）

图 4－3－44

2．动作要点

"雷公打鼓"动作要充分借助蹬腿拧腰转体的力量，使劲力聚集于拳背，发出弹抖之劲。

3. 击法要点

当下对方欲从背面攻击我方时,我方突然转身,用拳鞭击其胸部。

(十九) 单刀破竹

1. 基本动作

(1) 左拳变掌,前臂内旋,掌心斜向下,沿右臂下侧向前穿至右腕下。目视右拳。(图4-3-45)

(2) 上动不停,右脚蹬地,身体左转,重心左移成八字马。同时,左臂外旋,左手搂抓握拳收抱于胸前,拳心朝里,拳眼朝上;右拳变掌,向前下方劈砍,掌小指侧朝下,掌心朝左,高与腰齐。目视前方。(图4-3-46)

图4-3-45

图4-3-46

2. 动作要点

左掌搂手回收、右拳变掌劈砍与身体左转应协调一致,连续完成。劈掌时,应短促有力,力达小指侧。

3. 击法要点

当对方左手抓我方右腕时,我方用左手搂握其左

腕，并用力往左牵拉扭拧，使其身体失去平衡。同时，用右掌猛击对方腰部、肾部。（图4－3－47）

图4－3－47

（二十）谢拳（收式）

1. 基本动作

右掌变拳回收，左拳略向前下移，两拳重叠于胸前，右拳在上，左拳在下，拳眼朝上，拳心斜朝内。目视前方。（图4－3－48）

2. 动作要点

两拳重叠时，上体应自然正直，下颏微内收。

3. 收势要点

左脚向右脚靠拢，两腿直立，成立正姿势。同时，两拳变掌自然下垂贴于体侧。目视前方。（图4－3－49）

图4－3－48

图4－3－49

杖术编

▲2012年11月,香港学生在康厝畲族乡金斗洋村学习畲族杖术

▲2021年3月,福安市畲族"三月三"文化周暨康厝畲族乡金斗洋村"畲族传统武术文化节"学习现场

畲族传统武术套路教材

▲2019年9月,金斗洋畲族武术队参加第十一届全国少数民族传统体育运动会比赛现场

第五章 畲族武术套路杖谱"单杖"及其图文详解

畲族传统武术杖法所用的棍子俗称"杖",属南杖流派,迥异于北棍。一是长度不同。南杖低于使杖者身高,一般与眉同高,故又称为"齐眉杖"。二是口径不同。南杖口径粗为5～6厘米,大大粗于北棍。三是所使用的木质不同。北棍使用白蜡杆木制作,而南杖使用生长于深山老林的特殊木材制作,材质坚硬沉重,技击中可一杖毙敌。

畲族的杖法练习是从单人套路开始的,当拳术套路熟练后,则开始练习杖法的初级套路,然后逐渐加深套路的难度,增加套路的动作容量,步步递进。每个套路动作都是前辈的经验总结,有一些套路至今还在秘传之中,被他们视为珍宝,不轻易示人。单练套路熟练后,再进行杖法对练,主要目的是熟悉杖打击的准确度,提高对速度的感觉,增强发力的力度,等等。最后再进行攻防动作练习。这种攻防动作训练现在仍处于秘密状态,一般人难以窥其真貌。要达到自如地掌握和运用攻防动作变化方法,通常需要7～8年的时间。

以下两个单练套路是畲族杖法必练的杖法，整个套路内容朴实、攻防合理、简单实用。在演练过程中，要求习武者动作迅速勇猛、准确有力，杖打一大片，虎虎生威。

而对练的对杖更是精彩，它集基本功、攻防方法、训练方式于一体，是掌握杖法技击、攻防必练的两人规范攻防套路动作练习。

第一节 "五步杖"杖谱及其图文详解

一、"五步杖"杖谱

（1）起步　　　　　　（2）左右杖

（3）仙人破竹（3次）　（4）灵蛇吐信

（5）小鬼敲锣　　　　（6）回马杖

（7）渔翁撑船　　　　（8）太公钓鱼

（9）黄牛转身　　　　（10）黄牛顶角

（11）横扫石柱　　　（12）收步

预备姿势

两腿开立，相距30厘米，身体正直，两臂自然下垂于体侧，右手持杖，杖立于身体右侧，精神集中。目视正前方。（图5-1-1）

图5-1-1

注意，以下动作以画中人的身体正面方向为前，右肩侧为右，左肩侧为左。

二、"五步杖"杖谱图文详解

（一）起步

1. 基本动作

右手持杖，从身体右侧下方上提到腹部，左手屈肘，从体侧伸到小腹前握住杖把，掌心朝内，使杖斜立于身体前；同时，右脚抬起跺脚，两腿随即屈膝微蹲。（图5－1－2）

图5－1－2

2. 动作要点

杖上提与跺脚要同时进行。跺脚时，要气沉丹田，两脚微蹲，不可直立跺脚。

3. 击法要点

（1）跺脚以吸引对方注意力，使其以为我方已发出进攻，从而采取防守姿势，这时，我方再根据对方的反应准备攻击。

（2）跺脚是靠近对手时或是被对方抱住时常用的一种腿脚技法，它为杖法的使用创造机会，也反映了杖法使用的一个思维要点，即在用杖时，意识不要仅仅停留在杖上。

（二）左右杖

1. 基本动作

（1）右脚朝右侧方迈出半步，成马步；同时，右手由上向身体右侧下压杖梢，使杖梢由上弧形向下点击地面，右手掌心朝前，左手握杖屈肘顺势抬于上腹部，杖把停于胸前。目视杖梢（图5-1-3、图5-1-4）。

图5-1-3

图5-1-4

（2）紧接动作（1），保持马步不动（或者左脚向右方收回，在右脚后侧方点地）。同时，右手向上曲肘经过胸前弧形摆于身体左侧方，右手心朝下，左手顺势向下向右上方弧形托起，两手成交叉姿势，使杖梢向上弧形摆起，使整根杖在身体前方画大半个立圆，向左侧下方点击于地面。目视杖梢（图5-1-5）。

图5-1-5

2．动作要点

右点杖与右脚迈步要协调一致，两个点杖动作连贯，中间不可停顿。注意借用腰部的力量，力达杖梢。

3．击法要点

（1）左右点杖有用杖梢打击对方下盘的作用。例如，对方向我方进逼时，我方以杖梢端点击对方脚背。或者用杖的前半段来防守，侧拨开对方的正面进攻。

（2）左右杖是过去畲族人在群战中经常使用的一种杖法，可以伤人脚，但是不伤人命。在群战中，左右舞动杖子，前面的攻击基本上就可以得到有效的防守，如果要攻击对方，只要将身体旋转到一旁，就可转防守为进攻。

（三）仙人破竹（3次）

本动作连续做3次。

1．基本动作

（1）右脚抬起上步，同时，两手向上抬起，右手向上向前再向后，使杖梢在身体右侧弧形画个圆，左手向后向上向前也顺势画圆，使杖从身体左侧摆到身体右侧方，整根杖在身体的右侧由前向下向后方画个立圆，右手把杖举于身体右侧前上方，右脚落地成马步的同时，两手握杖由上方向下劈杖，使杖平横于小腹前，右手心向前（即向外），左手心向下。目视杖梢。（图5-1-6、图5-1-7）

图 5-1-6　　　　　图 5-1-7

（2）重心前移到右腿，后脚向前垫步，右脚蹬地向前跳一步，同时，右手握杖，使杖梢由前向下向后在身体右侧画一个立圆后，杖梢摆起在头部右侧上方，左手配合由后向前做弧形绕动，在右脚落地的时候，右手握杖由上向下劈杖，左手顺势下压杖把，使杖子横于体前的小腹部处，右手掌心向左侧，左手掌心向内。目视杖梢。（图 5-1-8、图 5-1-9）

图 5-1-8　　　　　图 5-1-9

（3）（与左右杖的动作基本相似）左脚蹬地，右脚向前一步，同时，右手握杖、使杖梢由前向下向后在身体右侧画一个立圆后，杖梢摆起在头部右侧上方，左手配合由后向前做弧形绕动，使杖把停于左腰侧，在右脚落地的时候，与右手一起向下劈杖，使杖子横于体前的小腹部处，右手掌心向左侧，左手掌心向内。目视杖梢。（同图5-1-8、图5-1-9）

2. 动作要点

"仙人破竹"为连续的三个劈击动作，步法为连续的前垫上步。在劈杖动作前，还有一个向后的挂杖画圆动作。两个杖法要连接流畅，发力与步法更要配合协调。劈杖时要与步法配合一致。劈杖时注意手掌心的朝向，右手掌心应该朝侧方，不能朝下。

3. 击法要点

（1）"仙人破竹"是一种典型的杖法防守反击技术，先用挂法，挡避对方的进攻，然后进一步劈击对方的手部、头部等部位。连续的三个进攻动作，说明该动作具有实用性、广泛性和重要性。前手掌心向侧方向，目的是预防对方击打我方的杖子时致使我方的杖子从手中滑落，如果是手掌心朝下，杖子就很容易被打滑落，因此，在以后的劈杖动作中都要注意这一要点。

（2）这个杖法的实用性非常强，几乎不用采取其他的杖法就可以借此进行实战，因为这个杖法的运动路线包含人体的上下左右运动，只要在幅度上、伸缩上、步法配合上、时机掌握上加以注意，就可以达到很好的技击效果。

（四）灵蛇吐信

1. 基本动作

接上一个动作，右脚从右侧收回左脚旁边，用前脚掌点地，保持右手伸直的姿势，手心向前。同时，左手握杖，并向后拉杖，再向右侧戳击。在戳击过程中，左手将杖向左右做一点旋转，使杖子螺旋式地伸缩，同时，迈出右脚向前落地，身体下沉，两腿下蹲成马步。目视杖梢。（同图5-1-9）

2. 动作要点

杖一前一后的伸缩与步的收回和前迈要协调一致。左手松握杖。杖的前后伸缩动作灵活。

3. 击法要点

（1）这是杖法中戳击的技术，一戳即收，同时，用杖子旋转，以防被对方抓到杖梢或者格挡开。可以戳击对方距离我方较近的身体部位，起到突袭的作用。在直线戳击当中，还可以做一些上下的运动，起到挑击对方裆部或手腕的作用。

（2）杖的戳击技法是杖法中的直线性攻击手段，运用得好往往可以出奇制胜，因为直线破打就是破坏对方的各种劈杖，如果没有经过实践，是很难理解的。在理论上，直线比弧线到达目标的速度快，但是在实际的运用中，时机的掌握是最重要的，经验也很重要。畲族一些传统武术师都是在秘密的场所进行这些技击上的训练，一般人很难看到。

（五）小鬼敲锣

1. 基本动作

右手握杖下压，左手握杖上推，同时，身体稍向右转，上动不停，右手继续向上经过右耳侧，向身体左侧摆动，左手顺势向下向右弧形托起，使杖在身体前方转动一个立圆，随即杖梢点击地面，身体左转。同时，左脚向右脚侧上方稍抬起，两手成交叉状，右手掌心朝下，左手掌心朝上，身体微前倾。目视杖梢。（图5－1－10、图5－1－11）

图5－1－10　　　　图5－1－11

2. 动作要点

杖走立圆，贴身旋转，杖法连贯，腰身用劲与杖法密切配合。这个动作对身法的动作要求高，转、拧、俯都要体现出来，并且与杖法配合运动，全身上下相一致。

3. 击法要点

此动作为两面受敌时的用法，右方用杖把以防守格挡对方进攻，然后用杖梢向左方进攻，也可用杖梢防守，用杖把进攻，这是杖的两端的灵活运用。而且打击对方的目标可以从头到脚。在进攻过程中，要注意避开对方进攻我方的下盘，因为这个杖法主要是身体上半部分（在杖法的技击中被称为大门）运动，下盘腰部以下（在杖法的技击中被称为小门）较为空虚。

（六）回马杖

1. 基本动作

（1）左脚向前落地，用前脚掌点地，右手从左方绕过左手之上，经过面部收回，使杖把停于右侧腰间，右手心朝上，左手向下向前弧形摆出并前伸，使杖梢由右向下向左画一个半圆，停于左腿上方，左手掌心向下。（图5－1－12。图5－1－13为图5－1－12的正面图）

图5－1－12

图5－1－13

（2）然后左脚上步蹬地，摆动右腿向左后方跳起，同时，右手向下拉杖，左手屈肘把杖把提到右肩前方，然后右手由下向左上方摆起杖梢，左手顺势把杖把提于胸前，使杖梢擦地而起，在空中做一个弧形摆动，杖摆在身体右侧上方。（图5-1-14。图中的人在空中）

图5-1-14

（3）身体在空中旋转180°后，右脚先落地，左脚后落地，两脚开立，与肩同宽。同时，两手握杖由后向前下抢杖拍击地面，两腿落地后弯曲全蹲，重心偏向右侧腿，身体稍前倾，右手松开手用掌压杖，左手掌心朝下握杖。目视杖身。（图5-1-15）

图5-1-15

2．动作要点

起跳时要注意右摆动腿，以及两手握杖的预摆动作，这样可以使起跳更轻盈。落地时要前脚掌着地，落地前的杖向下抢拍时，可以根据不同情况，用杖梢或用杖身向下用力，要借用身体下落的力量，落地后身体随即下蹲。

3. 击法要点

（1）对方在我方后面袭击我方后腿或背部时，我方提后腿避开对方杖，同时回身跃起，以杖劈对方之头部或用杖身压挡对方的杖击。落地后的下蹲是为了避开对方中的其他人在我方击打前方时可能偷袭我方。此法在群斗中可以使用，也适用于夜战。

（2）杖的压地还有一种含义，就是用杖身压住对方的杖，使其杖受压而脱手或是不能动。这是在群战中最有利于对其他人进行打击的方式。

（七）渔翁撑船

1. 基本动作

接上动作，两腿保持全蹲姿势，重心偏右，两手握杖，手心都朝左下方，贴着地面用杖梢向右戳击，然后用杖把端再向左方戳击，头部跟随着杖的戳击动作来回转动，两眼随视杖的戳击动作。（见图5-1-15右）

2. 动作要点

杖的戳击要离地面5厘米左右，动作快速地左右来回击出。

3. 击法要点

遇到多人进攻我方头部时，我方下蹲躲闪，或是在夜晚，我方下蹲容易看清对方，而对方不易发现我。杖贴地是用杖的两端贴地前后戳击对方的踝关节。在实战中，要注意眼光的使用，不能低头只看自己的杖，同时，要用余光向上看，以看清对方的情况。畲族杖法经常有下蹲的动作，说明畲族人擅长夜战。

（八）太公钓鱼

1. 基本动作

（1）由下蹲姿势站起，重心后移到右腿，两手握杖提起，右手停在右腰间，左手停于左腿上方。杖梢稍低，杖把较高。（图5-1-16）

（2）上动不停，左脚提膝抬脚，用脚底沿着杖身向前蹬出，两手握杖将杖稍微向后收，并向上挑起。（图5-1-17）

图5-1-16

图5-1-17

2. 动作要点

在站起时就要调整好身体的重心以朝右腿移动，以便抬左腿。蹬出的腿要贴着杖身。

3．击法要点

（1）我方故意将杖头放低，引对方接近，这时，猛地收回杖头上撩其阴。

（2）杖把被对方抓住后，我方以左脚踹击对方抓握杖把之手，得以解脱，同时，用杖击其手臂或下巴。

（九）黄牛转身

1．基本动作

（1）接上动不停，左脚向前落地，随即右脚向左前方上一大步，成马步。同时，左手换把，右手后拉杖；左手向前滑杖，右手滑动，使杖从身体右侧腰部向上经过右耳旁再向下劈；左手向左向右弧形摆动，随右手一起向下劈杖，两手停于小腹前，右手掌心朝外，左手掌心向内，身体旋转180°。（图5-1-18）

图5-1-18

（2）接上动不停，身体向左后方转动，左脚抬起向左后摆起，右脚蹬地起跳；右手向右下方伸出，左手屈臂，将杖把停于右胸前，随着身体的起跳，两手向左上方把杖摆起，身体继续向左后方转动；身体腾空跳起时，两手举杖在身体右侧上方。（图5-1-19。图中的人在空中）

（3）身体在空中旋转180°后，左脚先落地，右脚在左脚前方依次落地，两脚落地弯曲全蹲，身体微微前

倾，随即两手握杖向下拍地。杖落于右脚前方，左手掌心朝后，右手掌展开，用手掌下压杖身。目视杖梢。（图5-1-20）

2．动作要点

从下蹲动作开始，本动作中身体一共旋转了360°，起跳前杖的摆动为起跳增加了惯性，要注意利用；杖的摆动由低到高，成斜弧形线。步法的上右步和身体的转身要连接协调。

图5-1-19

图5-1-20

3．击法要点

在受到多方群围时，我方突然跳起击打背后之敌，并下蹲避开其他人的乘虚击打。起跳的过程是一个空白阶段，很容易被对方攻击，因此，本动作要注意起跳前杖的摆动，这其中含有格挡防守的意识。

（十）黄牛顶角

1．基本动作

（1）身体站立，左脚向后移动一步，成马步站立，两手握杖提在身体小腹前面，并用杖把向左侧下方戳

击；左手掌心向内，右手掌心朝上。（图5-1-21）

（2）马步未动，右手向右侧拉杖，左手滑杖；右手屈臂向上向左方经过右耳旁，使杖梢向上向左弧形摆起；左手向右向上托起杖把，停于胸前方。目视左侧方。（图5-1-22）

图5-1-21

图5-1-22

（3）上动不停，右手下压杖梢，使杖梢画弧向下，杖梢点击地面；左手顺势向右上方托起杖把，两手交叉握杖，停于小腹前方；右手掌心向下，左手掌心向上，身体微微向左侧倾斜。目视杖梢。（图5-1-23）

图5-1-23

2．动作要点

身体站立要与左脚后撤步协调一致，并同时进行。杖要在身体前面走立圆，在左脚落地后，杖点击到地面几乎与此同时到位，所以杖法的速度很快。

3. 击法要点

用杖把戳击对方的下盘，吸引对方的注意力。当对方防守下盘或注意力转移时，我方倒转杖子，用杖梢击打对方的头部或手部。

（十一）横扫石柱

1. 基本动作

（1）上动不停，右脚向左上一步，同时，右手将杖梢提起，使杖梢向上并向右侧身后摆动画一个立圆；左手顺势上托杖把，停于右肩前；右手继续向下并向左侧下方扫杖，右手掌心向侧上方；左手握杖把向后拉到左腰前，掌心向内。（图5-1-24）

（2）右手握杖，继续使杖梢由右上方向左侧下方扫击。同时，右脚顺势向左侧上步，成马步，左手握杖把顺势向下，停于小腹前，两手握杖自然伸直，横在身体前面，右手掌心朝外，左手掌心朝内。目视杖梢。（图5-1-25）

图5-1-24

图5-1-25

2．动作要点

要借助杖点地的反弹力，将杖抡起。杖最后扫击的瞬间，脚步刚好落地，步到杖也到。杖法迅猛。

3．击法要点

我方先向侧方拨开对方进攻的杖子，同时，上步以杖梢段扫击对方腿部。

（十二）收步

1．基本动作

（1）重心后移，左脚后收，成左虚步，左手抬起，使杖立于头部左侧方。右手滑把，手臂伸直，向后摆动，将杖梢摆到身体右侧下方。（图5-1-26）

（2）左脚后收到右脚侧并立，两手握杖将杖立起，放于身体右侧，左手随即下垂于身体左侧，身体正立。目视前方。（图5-1-27）

图5-1-26

图5-1-27

2．动作要点

并步与收杖动作要一致，并同时完成，动作认真，气归丹田。

3．击法要点

将杖斜立于身体侧面，以防守对方由上到下各个方向的劈杖。或是用杖梢后拨对方的杖子，杖把进攻对方的头部。

第二节 "六门杖"杖谱及其图文详解

一、"六门杖"杖谱

（1）起步　　　　　　（2）左右杖

（3）仙人破竹（2次）　（4）老虎跳墙

（5）黄牛顶角　　　　　（6）仙人打鼓

（7）艄公栈船　　　　　（8）仙人破竹（3次）

（9）灵蛇吐信　　　　　（10）黄牛顶角

（11）太公钓鱼　　　　　（12）鲤鱼翻身

（13）太公钓鱼　　　　　（14）横扫石柱

（15）罗汉打锣　　　　　（16）黄牛顶角

（17）太公钓鱼　　　　　（18）仙人破竹

（19）仙人栽竹　　　　　（20）童子撞钟

（21）太公钓鱼　　　　　（22）横扫石柱

（23）仙人破竹　　　　　（24）黄牛使角

（25）收步

预备姿势

两腿开立，相距 30 厘米，身体正直，两臂自然下垂于体侧，右手持杖立于身体右侧，精神集中。目视正前方。（图 5-2-1）

图 5-2-1

二、"六门杖"杖谱图文详解

（一）起步

1. 基本动作

图 5-2-2

右手持杖上提，左手屈肘从体侧伸到小腹前握住杖把，掌心朝内，使杖斜立于身体前。同时，右脚抬起跺脚，两腿随即屈膝微蹲。（图 5-2-2）

2. 动作要点

杖上提与跺脚要同时进行，跺脚时要气沉丹田，两脚微蹲，不可直立跺脚。

3. 击法要点

跺脚吸引对方注意力，使其以为我方已发出进攻而采取防守姿势，这时，我方再根据对方的反应准备攻击。

（二）左右杖

1. 基本动作

（1）右脚朝右侧方迈出半步，成马步。同时，右手由上向身体右侧下压杖梢，使杖梢由上弧形向下点击地面，右手掌心朝前，左手握杖屈肘，顺势抬于上腹部，杖把停于胸前。目视杖梢。（图5-2-3）

（2）紧接动作（1），保持马步不动（或者左脚向右方收回，在右脚后侧方点地）。同时，右手向上屈肘经过胸前弧形摆于身体左侧方，右手掌心朝下，左手顺势向下并向右上方弧形托起，两手成交叉姿势，使杖梢向上弧形摆起，使整个杖子在身体前方画大半个立圆，向左侧下方点击于地面。目视杖梢。（图5-2-4）

图5-2-3　　　　　图5-2-4

2．动作要点

右点杖与右脚迈步要协调一致，两个点杖动作连贯，中间不可停顿。注意借用腰部的力量，力达杖梢。

3．击法要点

左右点杖有用杖梢打击对方下盘的作用。例如，当对方向我方逼近时，我方以杖梢端点击对方之脚背。也可用杖前半段来防守，侧拨开对方的正面进攻。

（三）仙人破竹（2次）

本动作连续做2次。

1. 基本动作

（1）左脚朝前方上步，右手握杖，抬起杖梢，屈肘停于面前，掌心向前。左手向前将杖把前推，手臂伸直，掌心向前，两手握杖，将杖朝上方举起。（图5-2-5）

图5-2-5

（2）上动不停，右脚朝前方上一大步，成马步。同时，右手握杖梢向下劈，手臂伸直，手心向左侧；左手收回小腹前，手掌心向内侧，自然伸直，两手握杖，使杖向前下方劈下。目视前方。（图5-2-6）

图5-2-6

（3）上动不停，右脚向前方上步，左脚跟步在右脚后，重心前移。同时，右手向后向上再向前，使杖梢在身体右侧弧形画一个半圆，左手向上推杖，使杖沿身体右侧画一个立圆后再向前下方劈出，右手臂自然伸直，左手下落于小腹前。（图5-2-7）

图5-2-7

2．动作要点

本动作为两个连续的发力动作，第一个劈杖完成后不停，马上调整劲力，使杖回挂，紧接下一个动作的发力。注意步法要跟上，步到杖到。

3．击法要点

当对方杖袭击我方下盘时，我方稍抬右腿，上步的同时，以右手杖梢端由上而下挂开对杖，并顺势挑开对杖，以梢端劈击其颈部、手部等，在得手后继续追击，劈其头部。

（四）老虎跳墙

1．基本动作

（1）上动不停，左脚上一大步，随即蹬地跳起，右脚向上摆起。同时，右手屈肘向右侧后方回拉杖子，使杖梢沿身体右侧向下向后向上画一个立圆，左手向前方把杖把推出，两手握杖在空中在身体右侧上方举杖。（图5-2-8、图5-2-9）

图5-2-8　　　　　图5-2-9

（2）左脚先落地，右脚在左脚前一步落地，两脚几乎同时落地，两腿全蹲。同时，两手握杖在右脚前方拍地，使杖横于体前，左手掌心朝后，右手掌展开，用手掌下压杖身。目视杖身。（图5-2-10）

图5-2-10

2．动作要点

起跳腿为左脚，杖梢在空中要在身体右侧方做一个立圆的转动，落地下蹲与拍杖要协调一致。

3．击法要点

（1）当对方向后退时，我方以"老虎跳墙"式，抡杖向对方扑去，并以杖梢劈击其头部。如果对方头部躲开，我方则继续往下劈打对方的手臂、腿部或脚面。"杖打一大片"不仅是指范围一片，而且是指对方身上一大片都可以打。

（2）跳跃的动作在杖法的套路中多次出现，跳跃不仅是追赶，或是逃出，而且是获得从上往下打的一种气势。此外，跳跃还可起到躲闪对方击打我方下盘的作用，同时可以进攻对方。但是，跳跃也有一个致命的弱点，就是落地点固定，一旦跳起腾空，就不能改变落地的地点，而如果跳跃不当，不仅无法击打到对方，反而会落入被动的境地。这时一般都采取下蹲的办法来处理。

（3）跳跃最安全的方法就是下落时能打落对方的杖子，这属于大的技法，是必须掌握的。利用跳起获得的力量，向下劈对方离前手最近的杖身，力量要干脆利落，落点准确，而且最好是在对方把手伸出时，因为这时对方握杖的力量是最弱的，杖很容易被打落。所以，时机、位置、力量这三个因素掌握得好，就能打落对方的杖子，这个时候落地就不会有什么危险。

（五）黄牛顶角

1. 基本动作

两腿站起，两膝保持半蹲，左脚向右脚侧收靠，右腿呈独立状。同时，右手上托向上，从左侧向下压杖，左手向下用右弧形托起，两手成交叉状，使杖子在体前画一个立圆，杖梢点击地面。目视杖梢。（图5-2-11）

图5-2-11

2. 动作要点

左脚的回收与杖子的画立圆要协调用力，点击地面时，上身稍向左侧倾。

3. 击法要点

（1）用杖把戳击对方的下盘以吸引对方的注意力。当对方防守下盘或注意力转移时，我方倒转杖子，用杖梢击打对方的头部或手部。

（2）"黄牛顶角"的"顶"指出了这个动作另外一种更好的用法，就是当两个人在近距离搏斗中处于相持对顶的状态时，双方谁先后退就有被击打的危险，所以，遇"顶"则进，是畲族人提出的一个杖法原则。何谓"进"呢？就是指本杖法中的转进，即通过在相持对顶点上的杖的转动来化解对方的力，同时，进一步破坏对方击打的力度，而用自己杖的另外一端转入压制对方或封闭对方。在具体的运用中有上转和下转的区别，要经过有经验的师父的指点才可识别。

（六）仙人打鼓

1．基本动作

上动不停，左脚上一大步。同时，右手向上向右侧后拉回到腰间，左手向前伸出，使杖横在体前，在左脚落地的瞬间，两手用力，使杖把端向前下方斜戳。（图5－2－12）

图5－2－12

2．动作要点

本动作要借助上动的点地反弹力使杖向相反方向做立圆运动，上步与戳杖动作要一致。

3．击法要点

下潜用杖把挑开对方的防守，再进一步打击对方的腹部。或者当对方倒地后，我方上步，向下用杖把戳击对方的头、胸、腹等部位。

（七）艄公栈船

1. 基本动作

上动不停，右脚向前迈一大步。身体左转，右手握杖，从腰间向右侧向前弧形摆出，左手向后收到左腹前，使杖从身体右侧后方向前扫出；右手自然伸直，掌心朝左侧，左手停于胸前方，掌心向下，步型成右弓步。目视杖梢。（图5-2-13）

图5-2-13

2. 动作要点

杖向前的扫出动作就像在水里划水一样，有阻力感，而不是击打的劲力，因此，杖向前运动的速度会慢一些。

3. 击法要点

（1）阻挡对方击打我方下盘的杖法，或者用杖封拨对方的杖子和身体，使其站立不稳。

（2）本杖法与"横扫石柱"有相似之处，都是杖梢向对方的下盘扫击。但是，本杖法主要是使用推拨的力量，而扫是快速的爆发力，因此要加以区别。在动作演练中也可以处理成扫的杖法。

（八）仙人破竹（3次）

本动作连续做3次。

1. 基本动作

（1）右脚微抬，身体重心微微向后移。右手从前方向下向后拉回，掌心向右外侧；左手向前伸，掌心向前，使杖在身体右侧画一个向下向后摆起的立圆后，再向前下方劈出。同时，右脚落地，两腿成马步站立。（图5-2-14）

（2）上动不停，重心前移。右脚蹬地向前跳出，左脚跟在右脚跟后面。同时，右手沿右侧向后向上向前，左手向前向后弧形回拉，将杖子在身体右侧空中画一个立圆。（图5-2-15）

（3）两脚落地时，右脚在前，左脚在后成马步，两手握杖向前劈杖；右手伸直，掌心向左侧，左手放在小腹前，掌心向内。目视杖梢。（图5-2-16）

图5-2-14　　　　　图5-2-15　　　　　图5-2-16

（4）右脚微微抬起，身体重心微微向后移。右手从前方向下向后拉回，掌心向右外侧；左手向前伸，掌心向前，使杖在身体右侧画一个向下向后摆起的立圆，左手前推杖把，停于胸前方。（图5-2-17）

（5）右脚向前落地，成马步。同时，右手握杖向前劈下，左手顺势下带；右手向前自然伸直，左手收于小腹部前；右手掌心向左，左手掌心向内。（图5-2-18）

图5-2-17　　　　　　图5-2-18

2．动作要点

本动作为三个连续的劈杖，第二个是跳跃的动作，虽然杖法都一样，但是与步法的配合要协调一致。

3．击法要点

（1）本动作运用的是一种典型的杖法防守反击技术，先用挂法，避开对方的进攻，然后进步劈击对方的手部、头部等部位，为连续的三个进攻动作，步步紧逼，一个比一个快。

（2）杖法的快不仅是动作上的快，更重要的是意识上的快。在上步过程中，首先要尽快发现对方的下一个动作，然后才是比对方先到，或者等待其攻击再格挡开或在躲闪开的同时迎击对方。这种动作之快能让对方感受到迅雷不及掩耳之势。

（九）灵蛇吐信

1. 基本动作

接"仙人破竹"动作，马步保持不动，保持右手伸直的姿势，掌心向左侧方。同时，左手握杖向后拉杖，再向前戳击。在戳击过程中，左手将杖向左右稍微旋转，使杖子螺旋式地伸缩。目视杖梢。（图5-2-19）

图5-2-19

2. 动作要点

右手握杖时要保持松弛状态，杖前后运动时要轻灵，并对杖做螺旋运动。

3. 击法要点

当对方向我方逼近时，我方以杖把端戳击对方的膝部，使其受挫，再戳击对方的腹部，也可顺势上挑撩其阴。

（十）黄牛顶角

1. 基本动作

上动不停，向左转身，左脚摆向右脚侧，右脚呈独立的姿态。同时，右手向上，向左侧将杖推起，掌心向下，左手由左侧向右侧方上托杖，使杖在身体右侧画一个顺时针的立圆，然后杖梢端点击地面；右手掌心向

图 5-2-20

下,左手掌心向上,身体稍向左侧方倾斜。目视杖梢。(图 5-2-20)

2. 动作要点

左转身和杖的画立圆,两者的用力要协调一致。

3. 击法要点

用杖把戳击对方的下盘以吸引对方的注意力,当对方防守下盘或注意力转移时,我方倒转杖子,用杖梢击打对方的头部或手部。

(十一) 太公钓鱼

1. 基本动作

(1)上动不停,左脚向前迈出,成马步。同时,右手向上向后,左手向前伸直手臂,使杖在身体右侧画一个逆时针的立圆,把杖横在身体腹部前方,然后向前戳出;左手停于身体左侧方,右手放在身体右侧后方,掌心向下。目视杖梢。(图 5-2-21)

(2)上动不停,迅速抬起左脚并沿着杖身向杖梢方向蹬出。同时,两手将杖后拉,再向前戳击。目视杖梢。(图 5-2-22)

2. 动作要点

本动作含有两个戳杖的杖法,在左脚落步的时候先戳击一次,在蹬脚后再戳击一次,杖法幅度很小,动作细腻。

图 5－2－21

图 5－2－22

3．击法要点

（1）我方故意将杖梢放低，引对方接近，这时，猛地收回杖梢，前戳其腹或者上撩其阴。

（2）当杖把被对方抓住后，我方以左脚踹击其抓握杖把的手得以解脱。

（十二）鲤鱼翻身

1．基本动作

（1）左脚向前落地，重心前移到左腿。右手臂后拉杖子自然伸直向后，停于身体右侧后方，右手掌心向下；左手握杖把向后停于小腹前，左手掌心也向下，两手握杖停于小腹前。（图5－2－23）

（2）左脚随即蹬地起跳，右腿屈膝摆起，向左转体。同时，两手握杖向

图 5－2－23

图 5-2-24

左前方弧形摆出，在摆出时，杖要擦地而起。在空中的动作如图。（图 5-2-24）

（3）上动不停，左脚先落地，右脚依次落地于左脚前方，在空中转体 180°后，落地全蹲，身体略前俯。同时，两手握杖向下拍地，停于右脚前方处，左手掌心向内，右手掌展开，用掌压杖身。目视杖梢。（图 5-2-25）

2．动作要点

在起跳后，杖梢要从地面摩擦扫起。

3．击法要点

当对方由后向我方偷袭时，我方猛一翻身，同时，以杖身

图 5-2-25

向下劈击对方的头部。或者在受到前后夹击后，我方起跳时，用杖挑起泥土等物抛向前面的对手，跳起转身，再击打背后的对手。前惊后打。

（十三）太公钓鱼

1．基本动作

右手向上抬起，右手掌向前滑杖，然后向右侧向后把杖梢拉到右腰侧，掌心向内；左手由左向前弧形伸出，同时，左手向后滑把，使杖把朝前戳击，掌心向左

侧，动作不停，抬起左脚朝杖把方向蹬踢。目视杖把。（图5-2-26）

2．动作要点

戳杖把和蹬腿这两个动作要紧密连接，当中不可间断，而且蹬出时杖要后拉，腿要贴着杖身踢出。要注意两手依次滑把，使杖把向前突出。

图5-2-26

3．击法要点

（1）我方故意将杖头放低，引对方接近，这时，猛地收回杖头上撩其阴。

（2）当杖把被对方抓住后，我方以左脚踹击其抓握杖把的手，得以解脱。

（十四）横扫石柱

1．基本动作

（1）左脚落地，重心前移。同时，右手向后拉动杖子，左手松握杖子，让左手滑向杖把端，两手在身体前握杖；右手伸直，左手屈臂握杖停于腹前，两手握杖，使杖斜横于身体前。（图5-2-27）

（2）上动不停，右脚上一大步，身体左转，成马步。左手握杖把向左向前方画弧形后收到左腹侧，右手握杖，使杖梢斜向下，用力向左前方摆动。同时滑杖，使杖梢长出，随着两手的用力，在腰部以下向前扫出，

右手掌心向左，左手掌心向内。目视杖梢。（图 5－2－28）

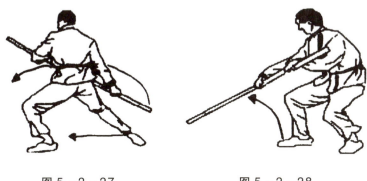

图 5－2－27　　　　　图 5－2－28

2. 动作要点

杖的后摆与上步扫杖要一气呵成，中间不可间断，同时，注意前扫杖时右手的滑把动作。滑杖与发力要协调，中间不要停顿，这样才能借上步的力量。

3. 击法要点

以杖梢由后向前扫击对方的前小腿。这个动作也常作为假动作来使用，先攻击对方的小门，后突然转为攻击对方的大门。

（十五）罗汉打锣

1. 基本动作

上动不停，右手握杖略前送。同时，抬起右脚，沿着杖身向杖梢方向蹬出，蹬出后，左手屈肘收到左腰间，右手臂自然保持伸出姿势。目视杖梢。（图 5－2－29）

2. 动作要点

蹬腿要贴着杖身蹬出，同时，杖子后拉。

3. 击法要点

用杖击打对方下盘、腹部等，将对方的注意力吸引到杖上，我方则突然起腿蹬向对方胸腹部。在杖法的实战中，要注意不要把攻击的注意力都放在杖子上，如果我方能够突然用其他方法攻击对方，则常收效显著。

图 5－2－29

（十六）黄牛顶角

1. 基本动作

上动不停，右脚下落着地，身体向左转身，左脚摆向右脚侧。同时，右手向上向左侧把杖推起再下压，掌心向下；左手上托杖，使杖在身体右侧画一个立圆，然后杖把端点地。目视杖梢。（图5－2－30）

图 5－2－30

2. 动作要点

左转身和杖的画立圆二者的用力要协调一致。

3. 击法要点

用杖把戳击对方的下盘，吸引对方的注意力。当对方防守下盘或注意力转移时，我方倒转杖子，用杖梢击打对方的头部或手部。

（十七）太公钓鱼

1．基本动作

上动不停，右手向上向后把手收到右腰前，掌心向内；左手向下向前推出，左手伸出，掌心向下，两手使杖逆时针转动，斜立于体前。同时，抬起左脚，沿着杖身蹬出，杖子向后略收。（图5－2－31）

图5－2－31

2．动作要点

杖的回转要借助上动的击地的反弹力，戳杖和蹬腿这两个动作要紧密连接，中间不可间断，而且腿蹬出时杖要后拉，腿要贴着杖身踢出。

3．击法要点

（1）我方故意将杖梢放低，当引对方接近时，猛地收回杖梢上撩其阴。

（2）这个杖法的"钓"字表明了其主要用法，即，将杖向前伸出，以吸引对方的注意力，或者等待对方来拨、抓等。如果杖把被对方抓住，我方则以左脚蹬击对方抓握杖把的手，使其手部受创。如果对方用杖拨，我方则可蹬其杖。最好的蹬杖部位是正对着杖的杖端，即在与杖身一致的方向上进行蹬踹，因为腿的力量较大，一旦被蹬到，就有可能伤其手指、手掌，或者使杖落地，因此，虽然这种引对方上钩的方法在杖法中非常少见，却能反映畲族人的智慧。

（十八）仙人破竹

1．基本动作

（1）左脚向前落地，成马步。同时，右手向右侧身后拉动杖子，左手松握滑杖；右手臂略伸直，左手收于胸前，使杖斜立于身体的右侧。目视左前方。（图5-2-32）

（2）右脚上一大步，成马步。同时，右手握杖，使杖梢向上向前下劈，手臂自然伸直，掌心向左，停于小腹前；左手下压杖于小腹前，掌心向内，杖梢高于杖把。目视杖把。（图5-2-33）

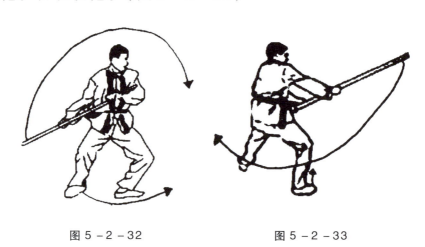

图5-2-32　　　　　图5-2-33

2．动作要点

右手向后伸出时，拉动杖子，使左手向前滑把，上步与劈杖要一致。

3．击法要点

（1）当对方杖袭击我方下盘时，我方稍抬右腿，上步的同时，以右手杖梢端由上而下挡开对方的杖，并顺势挑开其杖，以杖端劈击其颈部或手部。

（2）这个动作也是在太公钓鱼动作成功的前提下所用的杖法，可以大幅度地上步劈打对方。否则，这样的大动作是很容易被对方找到空当的。

（十九）仙人栽竹

1．基本动作

（1）右脚抬起，同时，右手向下向后带杖，使杖在右体侧画一个立圆。右手经过右耳，掌心向内；左手抬起到胸前时略伸直，掌心向右外侧。（图 5-2-34）

（2）右脚向前下落，两腿下蹲。同时，两手握杖向下劈杖于地面，并在右脚的前方下落。右手掌张开，用掌压杖身；左手握杖，掌心向内。目视杖梢。（图 5-2-35）

图 5-2-34　　　　　图 5-2-35

2．动作要点

杖向后抡起与向前劈杖当中没有停顿，一气呵成。

3．击法要点

当对方击打我方下盘时，我方抬腿躲避，并同时向下挂杖。腿脚向前落步时，身体下蹲躲避，同时，用杖劈向对方下盘等部位。

（二十）童子撞钟

1．基本动作

右脚向后退一步，成马步，身体向右后方转身。同时，右手握杖向上提起，向后向下放于右腹前，掌心朝上；左手上抬杖于腹前，然后左手前伸向前戳击，掌心向下，右手滑把。目视杖梢。（图5－2－36）

图5－2－36

2．动作要点

后迈步与杖后转要协调，脚步向后落地与戳杖要同步。

3．击法要点

我方用杖梢挑开对方的进攻，以杖把的另一端撞击对方腹部、胸部等部位。

（二十一）太公钓鱼

1. 基本动作

上动不停，重心向后移，左脚抬起，沿着杖身向前蹬出。同时，两手握杖向后略拉杖，再向前戳击或者向上挑击。（图5-2-37）

图5-2-37

2. 动作要点

蹬腿与后拉杖要协调，重心稳定。

3. 击法要点

（1）我方故意将杖梢放低，引对方接近，这时，猛地收回杖梢上撩其阴。

（2）杖把被对方抓住后，我方以左脚踹击对方抓握杖把的手，得以解脱。

（二十二）横扫石柱

1. 基本动作

左脚向前落步，右脚也向前迈出一大步，身体向左前转动，成右脚在前的马步。同时，右手向后带杖，使左手向前滑把，右手再向下，向前下方扫杖，杖梢与小腿同高，掌心向前；左手握杖把，顺势收于胸前，掌心向下。目视杖梢。（图5-2-38）

图5-2-38

2．动作要点

向前扫杖与向前迈步要同步。

3．击法要点

我方以杖梢段扫击对方腿部，也可通过逼近对方，用杖身（即杖的中间段）斜压对方的杖子。

（二十三）仙人破竹

1．基本动作

（1）右脚抬起，同时，右手向下向后带杖梢，使杖梢在右体侧画一个立圆。右手经过右耳，掌心向前；左手抬起前推到胸前，略伸直，掌心向斜上方。（图5－2－39）

（2）右脚上一大步，成马步。同时，右手握杖向上向前下劈，左手下压杖于腹前，杖梢略高于杖把。目视杖梢；右手掌心向左，左手掌心向内。目视前方。（图5－2－40）

图5－2－39

图5－2－40

2．动作要点

杖子后抡立圆与前劈杖法浑然一体，抡杖时，杖身要贴身画立圆，落步与劈杖同步。

3．击法要点

当对方杖袭击我方下盘时，我方稍抬右腿，上步的同时，以右手杖梢端由上而下挂挡开对方的杖，并顺势挑开其杖，以杖端劈击其颈部。

（二十四）黄牛使角

1．基本动作

右脚向后收回，前脚掌点地，成左虚步，身体略向左侧倾斜。左手从腹前向上推出，左手略伸直，手心向前，停在面前；右手向后带杖，略伸直，停于右腿外侧，手心斜向后，使杖斜横于身体前面。目视前方。（图5－2－41）

图5－2－41

2．动作要点

杖的右手回收与左手的推出形成上下对称的斜力。

3．击法要点

（1）当对方的杖捅向我方胸部时，我方以右手杖梢端向外拨挡对方的杖，并向下按，同时，我方以左手杖把端侧向顶击其太阳穴。

（2）我方以杖把端击对方太阳穴时，其向左侧闪，并用杖中段侧拦击，我方顺势以右手杖劈向其身。

（二十五）收步

1. 基本动作

图 5-2-42

左脚收，与右脚并立，身体站起。右手向后向上，左手向下把杖推到右大腿侧后，左手离杖回到左大腿侧；右手用手掌虎口握杖下滑伸直，手心向下，使杖贴身立于右体侧，杖把着地。目视前方。（图5-2-42）

2. 动作要点

收杖与并步同时完成，动作认真，全精贯注。

第六章 畲族武术套路杖谱"对杖"及其图文详解

第一节 "对杖"杖谱

（1）甲仙人破竹—乙（左）拨云见日
（2）乙仙人破竹—甲（右）拨云见日
（3）甲仙人破竹—乙（左）拨云见日
（4）乙灵羊刁草—甲水中捞月
（5）甲仙人破竹—乙（左）拨云见日
（6）甲灵羊刁草—乙仙人栽竹
（7）乙仙人破竹—甲（右）拨云见日
（8）甲仙人破竹—乙（右）拨云见日
（9）乙仙人破竹—甲（左）拨云见日
（10）甲灵羊刁草—乙水中捞月
（11）乙仙人破竹—甲（左）拨云见日
（12）乙灵羊刁草—甲仙人栽竹
（13）甲仙人破竹—乙（左）拨云见日
（14）乙仙人破竹—甲（左）拨云见日

（15）甲灵羊刁草—乙水中捞月

（16）乙仙人破竹—甲拨云见日

（17）甲力劈华山—乙仙人捧盘

（18）乙仙人破竹—甲（左）拨云见日

（19）乙猛虎扫尾—甲黄牛转身

（20）甲仙人破竹—乙（右）拨云见日

（21）乙仙人破竹—甲（左）拨云见日

（22）甲仙人破竹—乙（左）拨云见日

（23）乙灵羊刁草—甲水中捞月

（24）甲仙人破竹—乙（左）拨云见日

（25）甲力劈华山—乙仙人捧盘

（26）乙力劈华山—甲仙人捧盘

（27）甲仙人破竹—乙（左）拨云见日

（28）甲猛虎扫尾—乙黄牛转身

（29）甲灵羊刁草—乙（左）蜻蜓点水

（30）甲灵羊刁草—乙（右）蜻蜓点水

（31）甲仙人破竹—乙（左）拨云见日

（32）甲仙人破竹—乙（右）拨云见日

（33）乙力劈华山—甲仙人捧盘

（34）乙灵羊刁草—甲（左）蜻蜓点水

（35）乙灵羊刁草—甲（右）蜻蜓点水

（36）乙灵羊刁草—甲（左）蜻蜓点水

（37）乙仙人破竹—甲（左）拨云见日

（38）甲力劈华山—乙仙人捧盘

（39）甲横扫石柱—乙艄公栈船

（40）乙横扫石柱—甲艄公栈船

（41）甲横扫石柱—乙艄公栈船

（42）乙仙人破竹—甲（左）拨云见日

（43）乙力劈华山—甲仙人捧盘

（44）乙横扫石柱—甲艄公栈船

（45）乙横扫石柱—甲水中捞月

（46）甲横扫石柱—乙水中捞月

（47）乙仙人破竹—甲（右）拨云见日

（48）甲力劈华山—乙仙人捧盘

（49）乙灵羊刁草—甲（右）蜻蜓点水

（50）乙灵羊刁草—甲水中捞月

（51）乙仙人破竹—甲（右）拨云见日

（52）甲仙人破竹—乙被擒住

（53）甲艄公栈船—乙被推拨

（54）收步

预备姿势

甲乙两人左右而立，面均朝前站立（甲为长袖者，乙为短袖者）。

两人左右横向距离为80～100厘米，要求直体、挺胸、收腹，目视正前方。

两人右手各自握杖提起至胸前，左手立掌，掌心贴住右手手指，手与胸距离30厘米。（图6-1-1）

由抱拳礼开始，甲乙两人同时抬起右脚跺地，并右手握杖，用杖把端跺地，左手垂于体左侧，掌心朝内。（图6-1-2）（以下动作中的左右方向均以演练者本人的左右边为准。）

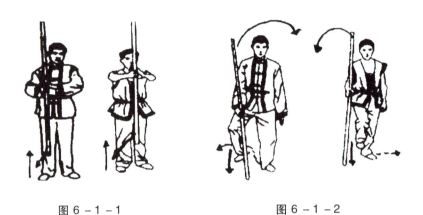

图6-1-1　　　　　　图6-1-2

第二节 "对杖"杖谱图文详解

一、甲仙人破竹—乙（左）拨云见日

（一）基本动作

甲左脚向左后方退步，身体左转90°，同时，右手向上举杖，左手屈肘向右抓住杖把，两手举杖，从上方用力朝对方头部方向劈下。乙左脚也向左后方退步，身体右转90°，右手举杖，左手屈肘向右抓杖把，两手举杖，约与地面成45°角，看准对方的杖梢，在头前上方

朝左侧拨开来杖。(图6-2-1)

(二) 攻防揭意

(1) 这是一种最基本的杖法攻防练习，一方劈击，一方拨开。

(2) 在这个互相攻防的动作中，最重要的是通过两杖的敲击碰撞，体会两手握杖的松紧度，太松有可能会掉杖，太紧则会使杖不灵活，影响动作变化，这两种情况都可能造成被动挨打的局面。因此，通过不断地进行这种敲打练习，不仅可以慢慢地体会出两手握杖的合适的松紧度，而且还可以锻炼两个手掌的承受力，不至于因被对方大力击打而震麻手掌、使杖掉地。

图6-2-1

(3) 在快速的攻防练习中，本动作还可锻炼眼力，看准对方杖子的运动方向。这里的看准，不是真的看准杖身的移动路线。在十分迅猛的杖法中，单单看杖身是不可能看清杖的运动方向的。因此这里的"看"是一种综合的眼光，即看对方握杖的两手运动形式，也靠余光判断对方杖子的走向。因为两手之间的连线方向已经决定了杖的方向，所以对这种状态的感知是十分重要的。只有通过对这个动作的反复练习、反复感受，才能逐渐练就迅疾而精准的眼力。

(4) 从本动作中还可体会杖子击打的距离感。一般情况下，两杖的碰撞发生在两人中间的半空位置，这是两人攻防中间的一条界线。只有准确地感知这条界线，才可以在复杂的攻防动作中准确判断，胜负往往就在毫厘之间。

二、乙仙人破竹—甲（右）拨云见日

（一）基本动作

乙拨开甲的杖后，两手依然保持举杖姿势，顺势一转，立即转而劈下，右手掌心向左侧握杖，左手掌心向下。甲在劈杖受到阻挡后立即向后略收杖，看到对方劈杖，两手握杖，依然使杖斜举在身前，在身体的前方中界线的上方向右侧方拨开来杖。（图6-2-2）

图6-2-2

（二）攻防揭意

这个动作的攻防角色与动作一相反，互相交换了攻防。其中，在交换攻防的时候，攻守双方都需要采用一种转换攻防的技巧。对原来的攻击方甲来说，在劈杖中不是一味地用力下劈，而是劈中含有收力，当遇到阻挡时能够马上回收并改变方向，表现出一种弹性力。对守方乙来说也是这样，拨开对方的杖子后能够回收自己的杖子，改变方向，及时转化为进攻，这也是一种反弹力。这种反弹力是杖法必须具备的基础劲力，从动作二的反复练习中也能够体会这种劲力。

劈杖沿身体的中线劈下是最有力量的，虽然说起来简单，但是，在动作的转换当中，能够准确地做到这点不是一朝一夕的事情。在本攻防动作中，劈杖的动作路线应该保持在身体的中线方向，只有在这个方向上做准确了，才能掌握好其他杖法的变化。劈杖时，要注意前手握杖的掌心应该是朝向侧面，用大鱼际的肌肉来用力，不能朝下，因为掌心朝下，很容易因对方的打击而脱杖。

拨杖在以上动作中已经出现两次，而且是方向不同的动作。通过以上动作的练习，可以认识到两个方向的防守就是大门的两扇门面，阻挡外界从这个大门来的进攻。

三、甲仙人破竹—乙（左）拨云见日

（一）基本动作

与乙动作相似，甲拨开乙的杖后，两手依然保持举杖姿势，顺势一转，立即转而劈下，右手掌心向左侧握杖，左手掌心向下。甲在劈杖受到阻挡后立即向后略收杖。看到对方劈杖，两手握杖，依然使杖斜举在身前，在身体的前方中界线的上方向右侧方拨开来杖。（图6-2-3）

图6-2-3

（二）攻防揭意

甲在攻防交换两次后再继续进攻。在一般实战情况下，前两次的动作一般为假动作，通过假动作来逗引对方发力，对方一般在第二次就会暴露战机。这是前人总结的经验，要注意吸取。当然，根据具体情况随机应变才是最重要的。

四、乙灵羊刁草—甲水中捞月

（一）基本动作

两人还在原地，乙握杖从上方转向，右手向下，左肘抬起，用杖梢画一个小弧，杖梢向下向左朝对方小腿部击去。甲右手向下，左肘抬起，迅速向下向左拨开对方的杖子。（图6－2－4）

图6－2－4

（二）攻防揭意

（1）这是一种由大门的攻防转向小门的攻防的杖法。

（2）这两种杖法也可单独练习。从大门到小门，再从小门到大门，训练杖法控制的灵活度，在这个动作中，两手的运动中有后手的抬肘动作。肘部的张与合在杖的技击中十分重要，要加以重视，因为它是由大门到小门控制杖法的主要用力的手，所以在用力程度上要采用后手主要控制方向、前手发力的两手控制杖法。通过这一杖法的练习，就可以体会出两手在杖法的控制方向与发力之间的作用，从而可以更好地运用杖的变化。

五、甲仙人破竹—乙（左）拨云见日

（一）基本动作

本动作与动作一相似，甲左手肘部下合，右手上抬，使杖向上向左再向前向下劈杖。乙由下向上向左拨杖，在头部前方的中间界线处拨开对方的杖梢。（图6-2-5）

图6-2-5

（二）攻防揭意

这是由小门过渡到大门的杖法。这里的杖法虽然名称与上面的一样，但是所处的情形不同，因此，其中的变化有所差异，习武者要加以体会。在过渡中，主要是后手用力来控制方向，两手协调配合。

六、甲灵羊刁草—乙仙人栽竹

（一）基本动作

甲右脚上步，左脚跟步，两手握杖，使杖梢从上向下再向左朝对方的小腿部横击。乙右脚向后退步，左脚向前

迈步，两脚跳换步，左手迅速拉杖，使杖把端向前左下方杵出，右手滑把，使杖把长出一段，以便攻防，截住对方的杖梢。（图6-2-6）

图6-2-6

（二）攻防揭意

本动作属于用杖把来防守的杖法，也是长器械常用的技法，可以发挥杖身各部位的功能。用杖把需要滑把，两手控制杖子的伸缩滑把很重要，要熟练运用并掌握，如此方能在转瞬即变的技击攻防中加以运用。在技击攻防中，杖总是处于一种滑动的状态，两手握杖的松紧程度要从中不断实践、总结。

这个动作中有步法的运用，进攻方的上步劈杖，要达到上下一致，身械协调用劲。上步动作可大步，可小步，在具体运用中，要通过距离感和对方的姿势来判断并决定上步的大小。

七、乙仙人破竹—甲（右）拨云见日

（一）基本动作

本动作与动作二相似，但是情形有所不同。乙右脚向右前方上步，右手拉杖，左手滑杖，使杖梢向上向前劈对方头部。甲右手上抬，身体略后仰，用杖梢拨开对

方的杖梢。（图6－2－7）

（二）攻防揭意

乙由杖把的防守转到杖梢的攻击，就是应用了杖的两端的功能，其中的变化很多，习武者可多加注意。但是，这个动作中，上步逼近对方、利用距离的变化

图6－2－7

来使用杖法，是在杖法中不易被发现的一个秘诀。同样的杖法在不同的距离对对方的打击效果有时差异显著，距离远，控制对方的杖子就难，距离近，就有更多机会加以控制，一旦时机成熟，就能一举成功。

八、甲仙人破竹—乙（右）拨云见日

基本动作

本动作与动作一相似。甲拨开乙的杖后，两手依然保持举杖姿势，顺势一转，立即转而劈下，右手掌心向左侧握杖，左手掌心向下。甲在劈杖后受到阻挡，立即向后略收杖，看到对方劈杖，两手握杖，依然使杖斜举在身前，在身体的前方中界线的上方向右侧方拨开来杖。（图6－2－8）

图6－2－8

九、乙仙人破竹—甲（左）拨云见日

（一）基本动作

与动作二相似。乙拨开甲的杖后，两手依然保持举杖姿势，顺势一转，立即转而劈下，右手掌心向左侧握杖，左手掌心向下。甲在劈杖后受到阻挡，立即向后略收杖，看到对方劈杖，两手握杖，依然使杖斜举在身前，在身体的前方中界线的上方向右侧方拨开来杖。（图6-2-9）

图6-2-9

（二）攻防揭意

这一动作与前面甲的几个动作相类似，这里主要是针对乙方进行的训练，练习乙方的攻防转换能力。

十、甲灵羊刁草—乙水中捞月

基本动作

图6-2-10

与动作四的杖法相似。甲两手握杖，使杖梢从上向下，再向左朝对方的小腿部横击。乙左手迅速拉杖，使杖把端向前左下方杵出，右手滑把，使杖把长出一段，以便攻防，截住对方的杖梢。（图6-2-10）

十一、乙仙人破竹——甲（左）拨云见日

基本动作

与动作二的杖法相似。乙右脚向右前方上步，右手拉杖，左手滑杖，使杖梢向上向前劈对方头部。甲右手上抬，身体略后仰，用杖梢拨开对方的杖梢。（图6-2-11）

图6-2-11

十二、乙灵羊刁草——甲仙人栽竹

（一）基本动作

乙接动作十一，连续进攻，一上一下，重复动作六的杖法，只是攻守双方交换。乙两手握杖，使杖梢从上向下，再向左朝对方的小腿部横击，左手握杖把，向左前下方杵出。左手停于左腿上方，掌心向下，右手停于腹前，掌心向上。目视杖把。（图6-2-12）

图6-2-12

（二）攻防揭意

这是连续进攻的动作，上下结合，其中含有假动

作，或上是假动作，或下是假动作。通过假动作来实现真实的进攻，这是杖法中进攻的一个指导思想，在实战中，不要有一杖就能够打倒对方的想法。

相反，连续的防守能使自己在被动的情况中转危为安，利用杖的上下杖端的作用，使来自对方上下两个方向的攻击都能够迅速得到化解，并能够在时机恰当的时候转防守为进攻。

十三、甲仙人破竹—乙（左）拨云见日

（一）基本动作

重复动作一的杖法，这是甲第五次重复用到这种杖法。

甲右脚向前上一步，右手握杖，稍上提，使杖梢向前，对准对方的头部劈下，左手握杖把，向上收于小腹前。乙右手向上抬起，使杖梢向右向上弧形摆起，再向左拨打对方的杖梢，右手掌心向右。目视前方。（图6-2-13）

图6-2-13

（二）攻防揭意

这是甲将连续防守的动作转变为进攻的杖法。甲抓住时机上前一步，逼近对方，这一上步必须及时，它是

由防守转变为进攻的关键。在其他的情况下也会用这种上步紧逼的方法，效果很好。所以，步法的应用在杖法中是不可忽视的部分。

在正常情况下，乙遇到甲逼近时，几乎不可能防守成功，因为乙杖的上举防守的距离较甲杖击打乙头部的距离远，除非乙已经预先判断好了甲的进攻，在甲进攻之前就向上拨杖。在这里，这个动作仅作为一种过渡。

十四、乙仙人破竹—甲（左）拨云见日

基本动作

与动作二相似。乙拨开甲的杖后，两手依然保持举杖姿势，顺势一转，立即转而劈下，右手掌心向左侧握杖，左手掌心向下。甲在劈杖后受到阻挡，立即向后略收杖，看到对方劈杖，两手握杖，依然使杖斜举在身前，在身体的前方中界线的上方向左侧方拨开来杖。（图6-2-14）

图6-2-14

十五、甲灵羊刁草—乙水中捞月

（一）基本动作

与动作四的杖法相似。甲两手握杖，使杖梢从上向

下、再向左朝对方的小腿部横击。乙左手迅速拉杖，使杖把端向前左下方杵出，右手滑把，使杖把长出一段，以便攻防，截住对方的杖梢。（图6－2－15）

图6－2－15

（二）攻防揭意

这是甲第三次出现"灵羊刁草"的杖法，而乙则出现过两种防守的方法：一是"水中捞月"，二是"仙人栽竹"，就是说可以根据不同情况运用不同的杖法。这种杖法的变化可以起到出奇制胜的效果。

十六、乙仙人破竹—甲拨云见日

基本动作

重复动作二的杖法，乙转而进攻。（图6－2－16）

图6－2－16

十七、甲力劈华山—乙仙人捧盘

（一）基本动作

甲上左脚，向前迈进一步，同时，左手将杖下拉到右腹前；右手滑把，左手从下抬起向上向前，用杖把劈击乙方头部，同时，左手后滑把，使杖把端长出一段。乙左脚向左前方上步，左手向头上方抬起杖把，右手下拉滑把向右侧上方抬起，使杖斜横在头部上方，身体向左稍微倾斜。（图6－2－17）

图6－2－17

（二）攻防揭意

甲在用杖梢进攻时突然用杖把大力进身袭击，这是看到对方破绽时常用的一种突袭方法。动作隐蔽，从下偷起杖把，而杖梢回缩，给对方造成错觉，以为我方退缩，而我方突然进步，打破原来的距离感，可以给对方一个措手不及。

乙用杖身向上架起，用杖的中段来防守，这是发挥杖身作用的一个重要部位。杖的中段靠自身最近，在对方突然近身的时候，杖的两端就很难甚至无法发挥作用，这时，身体与杖协调一致，身形晃动，侧斜身把杖身架起,身体与杖同步移动,这样可以加快杖子到达防守的部位,以加大防守成功的概率。

十八、乙仙人破竹—甲(左)拨云见日

(一) 基本动作

乙防守成功后,迅速两脚交换步,身体左转,右手向上抬起,并向后滑杖,左手下降收回到腹前,使杖梢向前劈出。甲左脚退步,右脚稍进半步,同时,抬起右手,左手向后收到左腰前,两手同时滑把,使杖梢向前上方拨开对方的杖梢。(图6-2-18,其中,右图是在转身过程中)。

图6-2-18

(二) 攻防揭意

同样的"仙人破竹"杖法,但在"黄牛顶角"防守的后面应用与在其他杖法的后面应用相比,用力、时机等都不尽相同。这里的步法用了交换步,动作迅速,可增加劈杖的力度。在"黄牛顶角"的应用中,一旦

对方的近身劈杖被我方用于防守，紧接着用"仙人破竹"击打对方，其成功率都是很高的。

相反，从甲方来说，上步劈杖时，就要想到能够迅速退步防守，不能只是做一味地进攻的打算，要攻中有防。在训练中可以加强这方面意识的培养，否则，很容易被对方乘虚而入。

十九、乙猛虎扫尾—甲黄牛转身

（一）基本动作

乙右脚摆起，左脚蹬地，并向右前方跳出 1 米左右，在空中向左转身后，右脚先落地，左脚依次落地，成马步，同时，左手用杖把向前下方横击对方小腿部。甲右脚摆起，左脚蹬地起跳，在空中，身体向左后转身，在原来的左侧方 1 米处，右脚先落地，左脚依次落地，成马步，左手向左向前用杖把端向前下方拨击。两个人刚好各转了半个圆，还保持原来的距离。（图 6 - 2 - 18、图 6 - 2 - 19）。

图 6 - 2 - 19

（二）攻防揭意

（1）本动作为跳转身的步法，一般应用于背势之时，是为了能快速脱离险境，一跳而出，再重新组织进攻。这种跳转身的步法可以跳向各个方向，往往可以轻易跳出对方的击打范围。

（2）在跳出的同时，配合采取本动作中的攻击对方的下盘杖法，可以更有效地阻止对方可能的追击。在本动作中，双方都用跳转的方式，目的是能够一起熟悉动作，达到训练的目的。

（3）从被动的局面中退出，也可采用直线型的后退方式，但是，这种方式很容易被对方追击，从而陷入更加被动的境地。用跳转身的方法，则不仅突然，而且可利用转身将杖甩起，力量很大，速度很快，可以有效地阻止对方进一步的攻击。但是，这个方法属于纯粹的逃跑法，对对方没有威胁性，也缺乏连续进攻的能力，这是这个动作的弱点所在。

二十、甲仙人破竹—乙（右）拨云见日

（一）基本动作

重复动作二的杖法，甲为主动进攻方。不同的是，甲右脚上了一步，乙左脚退一步。甲右脚向前迈一步，同时，右手握杖抬起，使杖梢向上向前画一个弧形，再向前劈下；左手握杖屈肘，使杖把向身体左侧后摆动，

左手停于左腰侧附近。乙左脚退一步，右手握杖，从胸前使杖梢向上向右画一个弧形；左手握杖把，从前方把手收到左腰，使杖把停于身体左侧方，杖梢由右侧方向左上侧方拨开对方的杖梢；右手掌心向左侧。目视前方。（图6－2－20）

图6－2－20

（二）攻防揭意

"仙人破竹"和"拨云见日"这两个杖法已经出现了十多次。因为它们既可作为攻防杖法的转换，也可作为训练距离感和眼力的基本方法，所以，在本对练中与其他各种杖法进行各种配合练习，可以起到很好的训练效果。下面将要进行连续三次的本杖法练习。

二十一、乙仙人破竹—甲（左）拨云见日

基本动作

与动作二相似。乙拨开甲的杖后，两手依然保持举

杖姿势，顺势一转，立即转而劈下，右手掌心向左侧握杖，左手掌心向下。甲在劈杖后受到阻挡，立即向后略收杖，看到对方劈杖，两手握杖，依然使杖斜举在身前，在身体前方中界线的上方向左侧方拨开来杖。（图6-2-21）

图6-2-21

二十二、甲仙人破竹—乙（左）拨云见日

基本动作

图6-2-22

与动作一相似。甲拨开乙的杖后，两手依然保持举杖姿势，顺势一转，立即转而劈下，右手掌心向左侧握杖，左手掌心向下。甲在劈杖后受到阻挡，立即向后略收杖，看到对方劈杖，两手握杖，依然使杖斜举在身前，在身体的前方中界线的上方向左侧方拨开来杖。（图6-2-22）

二十三、乙灵羊刁草—甲水中捞月

（一）基本动作

两人仍在原地，乙握杖从上方转向，右手向下，左肘抬起，杖梢画一个小弧，杖梢向下，向左朝对方小腿

部击去。甲右手向下，左肘抬起，迅速向下向左拨开对方的杖子。（图6-2-23）

图6-2-23

（二）攻防揭意

基本动作

本动作与动作二十二相比，动作二十二的杖法是大门的防守基本方法，本杖法为小门的防守基本方法，因此，本动作在本对练套路中出现的次数也较多。这两种杖法不仅是进攻与防守的基本杖法，也是常用的假动作。

二十四、甲仙人破竹—乙（左）拨云见日

基本动作

动作与动作一相似。甲左手肘部下合，左手落于左腹侧前方，右手上抬，使杖向上向左再向前向下劈杖。乙由下向上向左拨杖，在头部前方的中间界线处拨开对方的杖梢。（图6-2-24）

图6-2-24

二十五、甲力劈华山—乙仙人捧盘

基本动作

重复动作十七的杖法，唯两人朝向不同。

甲上左脚向前迈进一步，同时，左手将杖下拉到右腹前，右手滑把，左手从下抬起向上向前，用杖把劈击对方头部，同时，左手后滑把，使杖把端长出一段。乙左脚向左前方上步，左手向头上方抬起杖把，右手下拉滑把，向右侧上方抬起，使杖斜横在头部上方，身体向左稍微倾斜。（图6-2-25）

图6-2-25

二十六、乙力劈华山—甲仙人捧盘

（一）基本动作

重复动作十七的杖法，接动作二十五，甲乙交换进攻杖法。乙进右脚，上步推开对方的劈杖，左手握杖向后抬起，左手后滑杖，同时，向下朝对方的头部劈下，右手握杖把顺势收于小腹前。甲退左脚一步，左手上抬，手心向上，右手向右侧上方架杖，使杖子横于头上方防守，身体稍向右倾斜。（图6-2-26）

图6-2-26

（二）攻防揭意

（1）动作二十五与动作二十六为两个连续的同样动作的攻防交换，目的在于感受彼此之间的击打距离和防守距离，在步法的一进一退之间进行攻防的转换，在动态中感受进攻与防守距离的变化。

（2）同时，在动作的连续转换中，两手要灵活握杖，不断地滑杖，而且在动作"仙人捧盘"中，两手掌心的位置要掌握准确，左手掌心要朝斜后上方，右手掌心要朝斜前方，只有这样才能既承受得住对方的打击力，又能迅速地转变为进攻。

二十七、甲仙人破竹—乙（左）拨云见日

基本动作

重复动作一的杖法。甲为主动进攻方，甲推开乙的杖后，两手依然保持举杖姿势，顺势一转，立即转而劈下，右手掌心向左侧握杖，左手掌心向下。乙在劈杖后被甲架住，立即向后掠收杖，看到对方劈杖，两手握杖，依然使杖斜举在身前，在身体的前方中界线的上方向左侧方拨开来杖。（图6-2-27）

图6-2-27

二十八、甲猛虎扫尾—乙黄牛转身

（一）基本动作

本动作与动作十九相似，仅攻守双方交换，其中甲方为主动方。

甲右脚摆起，左脚蹬地，向右前方跳出1米左右，在空中向左转身后，右脚先落地，左脚依次落地，成马步，同时，左手用杖把向前下方横击对方小腿部。乙右脚摆起，左脚蹬地起跳，在空中身体向左后转身，在原来的左侧方1米处。右脚先落地，左脚依次落地，成马

步，左手向左向前，用杖把端向前下方拨击。两个人刚好各转了半个圆，仍保持原来的距离。（图6-2-28）

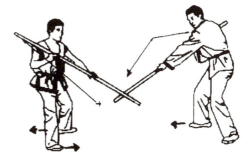

图6-2-28

（二）攻防揭意

本动作主要表现为跳转步的应用，主要用于在背势之时逃出对方的打击范围。在激烈的搏杀中，我方不可能都处于顺势或是占尽上风，应时刻准备在陷入被动时及时地转移。这个步法就是在这个时候使用的最佳步法，所以，每个习武者都应熟练掌握。

二十九、甲灵羊刁草—乙（左）蜻蜓点水

基本动作

甲左手屈肘收回左小腹前，右手从右向左下方，使杖梢斜击对方的小腿部。乙同样也左手屈肘收回左小腹前，右手从右向左下方用杖梢点扣压制对方的杖梢。（图6-2-29）

图6-2-29

三十、甲灵羊刁草—乙（右）蜻蜓点水

（一）基本动作

甲把杖梢向右再向左画一个小弧形，朝对方的小腿继续击打。乙跟随其杖，用杖梢在右前下方点扣其杖梢。（图6-2-30）

图6-2-30

（二）攻防揭意

（1）动作二十九和动作三十是甲连续用两个"灵羊刁草"的杖法攻击乙的下盘、乙也连续用"蜻蜓点水"的杖法来压制对方进攻的方法。这种点压的杖法速度快，可以有效地阻止对方的连续进攻，这样一来，对方的杖受到阻力而改变方向就会变得缓慢，进攻也会减弱，乙因此在这个过程中有机会进行反击。

（2）在以上的两个动作中，以腰部带动杖的左右变向，也是控制杖方向的一种重要技法，除了以左手为重点地控制杖的方向外，腰部就是配合杖子运动方向的根本之力。因此，真正能够有效灵活地把杖子的方向控制好，手与腰的配合是杖法用好力的主要秘诀之一。

三十一、甲仙人破竹—乙（左）拨云见日

基本动作

甲继续进攻对方的大门，重复动作二，乙向左拨开对方的杖梢。

甲右手向后回收杖梢，顺势上举杖于头前方，左手握杖把，收于左腰处，右手立即朝对方的头部向前下方劈下；右手掌心向左侧，左手下压于小腹前，左手掌心向右侧方。乙两手握杖，向上抬起杖梢，左手握杖把，停于腹前，使杖梢向左侧上方拨开对方的杖梢；右手掌心向左，左手掌心向右。目视杖梢。（图6-2-31）

图6-2-31

三十二、甲仙人破竹—乙（右）拨云见日

（一）基本动作

甲继续攻击对方的大门，重复动作二，乙向右拨开对方的杖梢。

甲右手握杖，使杖梢向右画一个弧形；再向上抬起，左手握杖把，从腹部向上抬起到胸前，然后再向下朝对方头部劈下。乙右手握杖，使杖梢向上向右再向下

画一个弧形；左手握杖把在胸腹前顺时针画一个圆圈，停于胸前，使杖梢由左下侧向右上侧方拨开对方的杖梢；右手掌心向上。目视前方。（图6-2-32）

图6-2-32

（二）攻防揭意

（1）这是甲一系列的进攻、乙连续防守的动作。通过这种强化练习，既可以增强甲连续进攻的能力，也可以增强乙连续防守的技法，还可以使人在快速的运动中熟悉杖的运动路线的变化规律，以便使杖法更加准确到位。

（2）在乙的连续防守中，当乙左右拨杖时，有一个动作应该引起注意，即杖的左右旋转主要由右手来控制。向右时，右手掌心由向下（即向地面），从左转向右，致使杖旋转；向左时，右手掌心向左向下旋转，使杖向左旋转。这种杖的螺旋运动幅度很小，速度很快，如果没有经过专门的点拨，是很难看出其中的门道的。

（3）在杖法的技击中，一种很重要的击打技术就是打手术，但是，在本对练套路中并没有对这种技术的应用，因为这种技术在套路中不宜做出。而习武者在熟练掌握套路以后，就可以进一步认识到，本动作中，两杖的碰撞都含有顺对方的杖身下滑或上撩击打对方手部的用意，因此，在练习时就要注意这点，即不能让对方的杖有机会下滑击打我方，这样，在对打中，虽然没有打手和防守的动作，但是意识之中就在用力。当然，还要通过专门的训练来提高打手和防守的技能。一般从一人打手、一人防守的攻防练习开始，打手方只是做一个动作，而不能真打，让防守方来做防守。这是一种假设性练习，也可穿戴适当的护具做实战练习，其效果更佳。

三十三、乙力劈华山—甲仙人捧盘

（一）基本动作

乙左脚蹬地，右脚向前上一步，左脚再跟进一步，成马步。同时，两手握杖，用杖梢直接向前下方将杖对准对方的头部劈下。甲右脚向后蹬地，左脚退一步，右脚也后退一步，成马步。同时，迅速将左手抬至头上，左手掌心向上；右手向右侧抬起，右手掌心向上，使杖斜架在头部上方。（图6-2-33）

图6-2-33

（二）攻防揭意

乙在连续防守之后，突然变防守为进攻，这时步法在这种转变中起到关键的作用。一般情况下，在拨开对方杖子的同时就上步，才能成功。如果在拨开对方杖子后再上步，对方已经后退与你拉开了距离，这样对方就可以自如地做出有效的防守动作。因此，掌握好进步的时机是很重要的。在本套对练套路中，这种时机意识的培养要通过师父的指点，如果只是盲目地按照节奏来练习动作，就不可能把握好其中的时机。因此，套路中所含有的技术，需要有经验的师父的指点才可以较好地掌握。

三十四、乙灵羊刁草—甲（左）蜻蜓点水

（一）基本动作

与动作二十九杖法相似，唯攻防双方交换。

乙右手将杖梢向后收回，左手握杖把，杖把收到左腰前；右脚上步，左脚跟进。同时，乙两手握杖，把杖梢再向左移动，画一个弧形，向下向右下斜方朝对方的小腿处扫杖。甲两手握杖，右手从上方下压，用杖梢点击乙方的杖梢，左手顺势下压于小腹前。目视杖梢。（图6-2-34）

图6-2-34

（二）攻防揭意

甲点击杖法用的是杖梢端，速度较快，打击力也最大，能够看准对方的杖梢从上方点击，效果较好，虽用力不大，但也可以使对方相对感受到较大的力量。在击中的时候，还可继续用杖梢压住对方的杖梢，这样就可以阻碍对方的进一步变化，为自己的反攻创造机会。

三十五、乙灵羊刁草—甲（右）蜻蜓点水

基本动作

与动作三十的杖法相似，唯攻防双方交换。

乙受到点击后，将杖向后收回，改变方向，右脚向右侧方上一步，两手握杖，杖梢从右向左画个弧形，再向对方的小腿处扫杖。甲右脚向自己的左侧方上一步，两手握杖，从右向左下方，在身前画一个弧形，用杖梢点击乙方杖梢；右手向下伸直，掌心向左侧方；左手屈肘抬起到胸前，掌心朝外。目视杖梢。（图6-2-35）

图6-2-35

三十六、乙灵羊刁草—甲（左）蜻蜓点水

（一）基本动作

与动作二十九的杖法相似，唯攻防双方交换。

乙受到点击后，将杖向后收回，改变方向，两手握杖，杖梢从右向左画一个弧形，从左侧方再向甲的小腿处扫杖。甲两手握杖，从左向右下方在身前画一个弧形，用杖梢点击乙方杖梢；右手向下伸直，掌心向左侧方；左手下压到小腹前，掌心朝内；目视杖梢。（图6-2-36）

图6-2-36

（二）攻防揭意

（1）这是乙的连续性进攻杖法和甲的连续防守杖法，与上几个攻防动作刚好相反。

（2）进攻与防守都是左右开弓，对步法与腰部以及手部的协调配合训练很有好处。

三十七、乙仙人破竹—甲（左）拨云见日

（一）基本动作

乙从对小门的进攻，转到对大门的进攻，与动作二相似。

乙杖被击后，两手握杖，把杖梢向后略收，顺势一转，右手把杖梢抬起到头部上方，左手在腹前握住杖把，立即转而劈下，右手掌心向左侧握杖，左手掌心向下。甲见乙把杖后收，也立即向后掠收杖，看到对方劈杖，在身体的前方中界线的上方，用杖梢向左侧方拨开来杖。（图6-2-37）

图6-2-37

（二）攻防揭意

以上一系列的攻防动作与动作二十九至动作三十二相似，但又有差别，目的是避免规律性的动作分散注意力，影响训练的效果。

三十八、甲力劈华山—乙仙人捧盘

（一）基本动作

甲由连续的防守动作转而进攻，左脚上一步，成马步，右手收回左小腹前下方，左手握杖，抬起朝乙头部方向劈下。乙上左步，成马步，身体稍向左倾，左手握杖迅速抬起，右手伸直向右侧方抬起，使杖在头部上方架起。（图6-2-38）

图6-2-38

（二）攻防揭意

甲在这里的进攻动作"石斧破山"与动作三十三也有所区别，动作三十三是右手杖梢的劈击，这里的动作是杖把的劈击，要注意它们的区别。

三十九、甲横扫石柱—乙艄公栈船

基本动作

甲上左步，成马步，左手向后收回到左小腹前下方，右手拉杖，使左手滑把，使杖梢长出一段，再向左下方用杖梢扫击对方的小腿。乙左脚先向后退一大步，右脚再顺势后带一步，成马步；右手握杖向左再向右画一个弧形，朝右侧下方斜拨对方的杖梢；左手顺势放到左腹侧。（图6-2-39）

图6-2-39

四十、乙横扫石柱—甲艄公栈船

基本动作

乙右手握杖，用杖梢从左前方扫击对方的小腿。甲顺势向右侧方拨开对方的杖梢。（图6-2-40）

图 6-2-40

四十一、甲横扫石柱—乙艄公栈船

（一）基本动作

甲向左前方上一步，同时，右手握杖，从左前方扫击对方的小腿。乙向右侧方上一步，同时，右手握杖，从侧方横拨对方的杖梢。（图 6-2-41）

图 6-2-41

（二）攻防揭意

（1）动作三十九至动作四十一的三个动作，攻防双方连续循环交换攻防动作，主要对小门进行防守与进攻。在对小门进行攻防的训练中，要熟悉其中的杖法变化。

（2）这里主要了解"艄公栈船"这个动作的防守

作用，这个动作在防守下盘中非常实用，只要往下一杵，就可防守对方所有从侧面进攻我方小腿的杖法。但是，这个动作有一个致命的缺点，就是很容易被对方从下往上顺着杖子滑击到手或者身体的外侧。因为向上旋转起来的速度不如直线打击的速度快，因此很容易被对方击到，在使用这个杖法时，不能把这个空当留给对方。那么，如何处理这类情况呢？就是在用杖梢格挡与对方杖梢碰撞的时候，用一个弹性力把对方的杖梢弹起，这样就可以为自己赢得时间来做防守动作。当然，其中的变化和技巧还需要从实践中琢磨，并明白其中的道理。

四十二、乙仙人破竹—甲（左）拨云见日

（一）基本动作

乙握杖向右侧把甲的杖子挑开，接着两手把杖举起，朝对方的头部劈下。乙两手握杖从左向右画一个弧形，再向左将对方的杖梢拨开。（图6－2－42）

图6－2－42

（二）攻防揭意

同样的杖法，但是开始的动作不同，故全身用劲的配合是不同的。乙在劈杖前的一个挑杖动作就是关键，

如果不能挑开对方的杖子，就不能实施进一步的攻击。因此，想要每种杖法应用自如，就要在各种场景中进行训练。这里仅仅提供了几种场景，习武者还需要从不断的练习中进行总结，方能得到长足的进步。所以，在套路中，重复的动作似乎很多，但是其内涵各不相同。

四十三、乙力劈华山—甲仙人捧盘

（一）基本动作

乙左脚上一步，右腿蹬直，同时，两手握杖，顺势从右向左画一个弧形，继续朝前下方的头部劈下。甲左手握杖抬起，右手向右侧拉开，手臂略伸直，使杖在头顶上方架起。（图6-2-43）

图6-2-43

（二）攻防揭意

（1）乙的杖梢在被对方拨开之时，能够及时地顺势画弧，回到自己的控制范围之内，这样就能组织进一步的进攻。因此，无论是主动拨开还是被动拨开，习武者都要知道如何应付，其最基本的原则是杖子始终在自己的控制范围之内。

（2）如何在受到对方的各种干扰下始终牢牢控制自己的杖呢？这属于杖法技击的基本功，也就是对两手杖感的培养。所谓杖感，包括手握杖的松紧度控制、掌心的朝向感、两手控制杖方向的协调感等。对这种杖感，只要习武者在平时的练习中多留心，就可以逐渐得到培养。可见这套杖法的对练具备许多的功能。

四十四、乙横扫石柱—甲艄公栈船

基本动作

乙右脚上一步，左脚跟步，同时，两手握杖稍后缩，不停地向上向右再向左下画弧形，扫击对方的小腿。甲跳退步，两手握杖，右手掌心向斜上，左手掌心朝内，从左下向右拨开对方的杖梢。（图6-2-44）

图6-2-44

四十五、乙横扫石柱—甲水中捞月

（一）基本动作

乙右脚继续朝右前方上一步，同时，两手握杖，从左向右画弧形，扫击甲的小腿部。甲右脚朝左前方上一步，同时，两手握杖，用杖梢向左前方拨杖，左右手的掌心都朝向左前方，拨开乙的杖梢。（图6-2-45）

图6-2-45

（二）攻防揭意

（1）这是乙连续用同样的一种杖法来攻击甲同样的身体部位，而甲则用两种杖法来应付乙的攻击。

（2）重点在防守的应用。动作四十四的防守杖法是顺势横拨法，当对方力量较大时，运用这种方法可以很好地化解对方的力量，使对方的杖子失去控制，从而给自己创造反击的机会。

（3）本动作中的防守杖法，是迎击堵截法，与动作四十四相比，属于反其道而行之，关键是在甲的力量还没充分发挥出来之前，就上步堵截住对方的杖子，这样可以惊吓对方。这两种方法的结合能起到出其不意的效果，在实战中很讲究这样的效果，因此，在平时就要加强练习。

四十六、甲横扫石柱—乙水中捞月

（一）基本动作

甲在动作四十五中堵住乙的杖法后，两手抬起杖，向右微抬画个弧形，再向左下扫击，转而进攻对方的小腿。乙两手握杖，用杖梢黏住对方的杖，并顺势跟进。（图6-2-46）

图6-2-46

（二）攻防揭意

（1）动作四十六进一步加强了杖法的应用，即用"黏法"。前面的多种杖法采用的都是一种弹性的击打力，在这一基础上发展了这种黏力，就是杖子能够跟上对方杖子的运动，并在短时间内控制对方的杖子运动，给自己创造进攻的机会。如果没有前面弹性发力的基础练习，是很难掌握这种方法的，习武者要经过不断的敲打练习，逐步感受到杖子对抗的力量变化，使肌肉渐渐适应这种击打，然后才能产生出这样的黏力。这种黏法在许多地方将有很巧妙的应用，看似被动，实则主动。

（2）这个动作也进一步说明了同样的杖法可以有不同的运用方式。

四十七、乙仙人破竹—甲（右）拨云见日

（一）基本动作

与动作二杖法相似。乙为主动进攻方。

乙向左拨开甲的杖后，两手举杖，顺势一转，立即朝对方的头部劈下，右手掌心向左侧握杖，左手掌心向下。接上动作，甲杖被拨开向后，略收杖，看到乙劈杖，两手握杖，向右向左画一个弧，杖梢向上右方把杖梢举起，在身体的前方中界线的上方向右侧方拨开来杖。（图6-2-47）

图6-2-47

（二）攻防揭意

（1）这是乙在黏住甲的杖的情况下，突然放开对方的杖进行的突袭，其成功率是很高的。

（2）这也是训练甲在其杖被黏住的情况下如何反击。没有不可以破的技法，虽然黏法是一种高级的技法，但也是相对而言的。在这里，甲虽然杖子被乙黏住并向右侧拨开，但是他能够与乙保持距离，不再用力抵抗，用以黏住对方，顺势而走，这样，乙的进攻就能够被甲察觉。在甲控制之内，甲就能够随机应变，及时防守，及时反攻。

四十八、甲力劈华山—乙仙人捧盘

（一）基本动作

重复动作四十七的杖法，唯两人朝向不同。

接动作四十七，甲拨开乙的杖子后，两手直接抬起杖梢，向前下方用杖梢劈击对方头部，右手伸直，掌心向左侧，左手后收于腹前。乙左手向头上方抬起杖把，右手下拉滑把，向右侧上方抬起，使杖斜横在头部上方，身体向左稍微倾斜。（图6-2-48）

图6-2-48

（二）攻防揭意

这是甲的一个反击杖法，与动作四十七紧密配合。一个进攻动作不是单一的，都是要在前一个动作创造出条件后才能应用。所以，在练习当中，不要将某一个杖法孤立地看待，而是要将之与其他的杖法联系成一个整体，这样杖法才能够变化多端。

四十九、乙灵羊刁草—甲（右）蜻蜓点水

（一）基本动作

乙向前跳垫步进步，同时，两手握杖，从上向左下画弧形，用杖身压住甲的杖梢，欲控制其杖，并朝甲的小腿部劈下。甲跳退步，同时，跟随乙杖的运动弧形转动杖梢，黏住乙的杖身，及时掠抽杖，由上向下点压对方的杖梢。（图6－2－49）

图6－2－49

（二）攻防揭意

（1）当乙往前突然进步时，甲也跳退步，与乙保持距离。同时，甲的杖轻轻压住乙的杖，观察其运动方向，并跟随对方的杖，不让其接近。本动作中最后是用

点压的方式黏住并控制对方的杖。

（2）这里的点压杖法，动作轻巧，从对方的杖下抽出并能及时向下击打，时机和距离要控制得非常好，才能做好这个动作。这个动作看似简单，但双方的力量变化多样，如果没有亲身实践，是难以感受其中的奥妙的。

五十、乙灵羊刁草—甲水中捞月

（一）基本动作

乙两手握杖，向右朝甲的小腿再扫击。甲两手握杖，跟随乙杖，向左侧前方拨开乙杖梢。（图6-2-50）

图6-2-50

（二）攻防揭意

这是训练甲的黏杖技术，当乙向甲的腿部扫击时，甲能够及时地改变对方的杖的运动方向，其中包含许多技巧，只有通过实践才可明白。习武者在刚开始练习时，总是感觉手上空空的，打出的杖都是脆性的，没有柔性，杖法之间没有联系。当习武者感觉出与对方的杖法之间能产生一种联系和这种黏的感觉时，表明其杖法更上一层楼了。

五十一、乙仙人破竹—甲（右）拨云见日

（一）基本动作

乙两手握杖，从下方抬起，朝对方的头部劈下。甲两手握杖，也从下方抬起，跟随乙杖。当乙正要劈的时候，甲向右侧方横拨开乙的杖梢。（图6-2-51）

图6-2-51

（二）攻防揭意

这是接动作五十的第三个黏杖动作，刚好从甲的右侧方开始，到左侧，再到上方，呈弧形，也就是说在甲的外圈上使对方的杖走了一圈，而未能进入甲的圈内。

五十二、甲仙人破竹—乙被擒住

（一）基本动作

甲两手握杖，向下向右再向上向左画一个圈，圈住乙的杖子。同时，甲跳垫步进身，用杖身和自己的腿部形成一个夹子，夹住乙的杖子，使其杖不能动，并用杖梢从背后抵住乙的腿部。最好是乙的两条腿都能被抵住，这样就形成了从杖到人的整体控制。（图6-2-52）

图6-2-52

（二）攻防揭意

这是"仙人破竹"杖法的一种控制术的应用。甲黏住乙的杖子后，迅速进身，并将肢体与杖子配合，形成控制臂，以控制乙的杖子和身体。这是黏法技法的进一步发展。

五十三、甲艄公栈船—乙被推拨

（一）基本动作

甲再向前方进一步，后脚跟一步，两手握杖，用杖梢向后方用力，推拨乙的腿部，使乙向自己的背后走过，并走到自己的左侧方，两人成虚步。同时，甲右手在下，左手屈肘在上，将杖子斜立于身体前。（图6－2－53）

图6－2－53

（二）攻防揭意

发挥整根杖的作用来拨推对方的重心，或者控制对方的四肢，这属于杖法中的近身控制术。在本套对练中，最后的两个动作才透露出了端倪。因为这种控制练习不宜进行套路式的练习，所以也就没有套路，只靠师父言传身教，主要是利用双方的杖子和人体的四肢把它们交织在一起，十分巧妙有趣。这种控制术并不神秘，可以作为游戏。有了以上套路做基础，只要把握好其中的原理，即使自己琢磨，也可达到一定的水平。

五十四、收步

基本动作

两人同时用右手把杖梢从下向上画弧抬起，右手虎口朝上握杖，停于右腰侧附近；左手握杖把，从上向下按杖把至右腿侧面放下，左手垂到身体左侧自然放下，左脚并步到右脚侧，使杖子立于身体的右侧，成并步姿势。目视前方。（图6－2－54）

图6－2－54

后　　记

在中共福安市委、福安市人民政府的关怀和支持下，经福安市文体和旅游局有关同志的共同努力，《畲族传统武术套路教材》正式出版了。

系统、规范地整理畲族传统武术，是为了更好地继承、发展传统文化。本书的编撰工作是按照宁德市委书记梁伟新的指示精神，依据福安市委书记周祥祺的部署要求进行的，全书分为三编：第一编为基础编，包括金斗洋畲族武术历年的工作照片、畲族传统武术的起源及特点、畲族拳术的拳理、畲族传统武术的练功方法，使读者通过概括性的文字、代表性的图片，能够直观地了解畲族传统武术的特点，从而构建基本的认知框架。第二编拳术编、第三编杖术编分别介绍了畲族武术的拳术和杖术，通过概括性的文字说明，结合动作图片，力求内容全面、表述精准、脉络清晰，便于读者更好地阅读，掌握畲族传统武术的技击动作要领。

书中的照片，畲族传统武术源流、技法主要由缪鸿景收集并归纳，全书内容的编撰和校对主要由缪凌志完成，最后由林霁、林锦山统改并定稿。此外，林荫生、兰润生、王健民三位老师作为名誉主编，为本书的编写给予了极大的帮助。

经过数轮删改、增补，召开多次会议后，本书终于定稿，在此，我们谨向所有关心、支持本书编写工作的单位、领导和同志们一并表示衷心的感谢。

当然，由于资料不够充足、编者的水平有限等主客观因素的制约，本书难免存在错漏之处，敬请广大师生、武术爱好者们见谅，并提出宝贵意见，以便我们日后修订和完善。

编　者

2022 年 4 月 30 日